"十三五"职业教育系列教材

单片机原理及接口技术

主　编　李长林

副主编　姜　涛

编　写　焦学辉　刘莲秋

主　审　方连众

中国电力出版社

CHINA ELECTRIC POWER PRESS

内 容 提 要

本书针对单片机的特点，结合学习中的难点，从基础入手，深入浅出、循序渐进，知识涵盖面广。为方便读者的学习，增强实用性，书中列举了较多实用案例。

本书共分为 9 章。第 1、2 章主要介绍单片机的基础知识和硬件结构，第 3 章介绍 MCS-51 系列单片机的指令系统，第 4 章讲述汇编语言程序设计的方法和技巧，第 5～7 章讲述单片机的中断系统、定时/计数器和串行接口的组成及应用，第 8 章简单叙述单片机外围电路的扩展和相关接口技术，第 9 章介绍 MCS-51 系列单片机应用系统设计开发过程。本书的编写注重降低难度，更利于完成各层次读者的学习目标。

本书可作为职业教育电力技术类、自动化技术类、计算机类、通信类及电子信息类等专业的教材，也可供相关专业的师生和工程技术人员参考。

图书在版编目（CIP）数据

单片机原理及接口技术/李长林主编 . —北京：中国电力出版社，2017.5（2021.8 重印）
"十三五"职业教育规划教材
ISBN 978-7-5198-0337-7

Ⅰ.①单… Ⅱ.①李… Ⅲ.①单片微型计算机—基础理论—职业教育—教材 ②单片微型计算机—接口技术—职业教育—教材 Ⅳ.①TP368.1

中国版本图书馆 CIP 数据核字（2017）第 020168 号

出版发行：中国电力出版社
地　　址：北京市东城区北京站西街 19 号（邮政编码 100005）
网　　址：http://www.cepp.sgcc.com.cn
责任编辑：乔　莉　孙　晨（010—63412535）
责任校对：常燕昆
装帧设计：赵姗杉　王英磊
责任印制：吴　迪

印　　刷：北京天宇星印刷厂
版　　次：2017 年 5 月第一版
印　　次：2021 年 8 月北京第二次印刷
开　　本：787 毫米×1092 毫米　16 开本
印　　张：9.75
字　　数：236 千字
定　　价：26.00 元

前　言

　　本书的根本目标是培养技术应用型专门人才，使其重点掌握从事本专业实际工作所需的基本知识和职业技能。"单片机原理"课程是供电、电气、通信及相关专业重要主干课程之一。由于这门课程抽象、难懂，教学效果一直不理想，学生入门慢，想学又学不好。所以，本书从实际应用出发，以目前在我国流行的 Intel 公司的 MCS-51 系列单片机为主，全面介绍单片机的特点、内部结构、工作原理、指令系统、编程方法、定时器、计数器及接口技术。书中列举了大量实例，语言简练，通俗易懂，便于初学者入门。

　　本书的编写突出以下特点：

　　(1) 以够用为度。在内容安排上，以应用为主线，重点介绍掌握"单片机原理"课程应知应会的知识点，力求做到易懂、易记、易用。

　　(2) 注重实用性。从培养学生创新意识和动手能力入手，结合作者多年的教学和科研经验，对书中例题和书后习题进行了精心编写，可帮助学生更好地掌握相关的知识内容。

　　(3) 有利于教学。全书在编写中，充分考虑了组织课堂教学的需要，对个别章节采用了案例教学的方式，如第 4 章程序设计。

　　本书共分为 9 章。第 1、2 章主要介绍单片机的基础知识和硬件结构，为设计单片机应用系统的硬件电路打基础；第 3 章介绍 MCS-51 系列单片机的指令系统，为设计单片机应用系统做准备；第 4 章讲述汇编语言程序设计的方法和技巧；第 5~7 章讲述单片机的中断系统、定时/计数器和串行接口的组成及应用；第 8 章简单叙述单片机外围电路的扩展和相关接口技术；第 9 章介绍 MCS-51 系列单片机应用系统设计开发过程。本书的编写注重降低难度，更利于完成各层次读者的学习目标。

　　本书由国网黑龙江省电力有限公司高级工程师李长林担任主编，哈尔滨电力职业技术学院姜涛担任副主编，焦学辉、刘莲秋参与编写。其中李长林编写第 1、2 章，姜涛编写第 3~7 章，焦学辉编写第 8 章，刘莲秋编写第 9 章。本书承蒙黑龙江大学副教授方连众主审，提出了很多宝贵的修改意见；同时本书在编写过程中参考了很多文献资料，在此一并表示衷心的感谢。

　　限于编者水平，书中难免有疏漏和不妥之处，恳请读者批评指正。

编　者

2017 年 2 月

目　　录

第1章 单片机概述

单片机也称单芯片微型计算机，它是一种把智能赋予各种机械的计算机。顾名思义，这种计算机的最小系统只用了一片集成电路，即可进行简单运算和控制。目前，单片机已广泛应用于智能仪表、实时工控、通信设备、导航系统、家用电器等。

1.1 微型计算机与单片机

1.1.1 微型计算机

人类社会跨入计算机时代的一个重要原因，就是由于微型计算机的诞生。

在微型计算机出现之前，计算机已有了很大的发展。这时的计算机主要是大、中型机，体积大、价格昂贵，只用于科研等部门。

1971年1月，英特尔（Intel）公司成功地将运算部件和逻辑功能部件集成在一起，制成了世界上第一片中央处理器芯片——Intel 4004。

CPU（中央处理器）、存储器、输入/输出（I/O）接口通过地址总线（AB）、数据总线（DB）和控制总线（CB）相连，组成微型计算机，如图1-1所示。

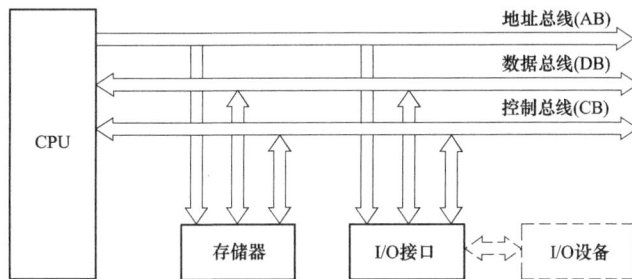

图1-1 微型计算机组成

CPU就像人的大脑一样，主宰整个系统的运行；存储器用来存放运行所需要的程序和数据，包括只读存储器（ROM）和随机存储器（RAM）；I/O接口是微型计算机与外部沟通的管道，包括输入接口和输出接口。

1.1.2 单片机

在一片集成电路芯片上集成了CPU、存储器、I/O接口的一个不带外部设备的微型计算机，称为单芯片微型计算机，简称单片机。图1-2所示单片机虽然只是一块集成电路芯片，但从组成和功能上看，已具备了计算机系统的基本功能。

单片机分为通用型和专用型两大类。

通用型单片机是一种基本芯片，它的可用资源丰富，如只读存储器、随机存储器、输入/输出接口、中断系统、定时/计数器等，性能全面，有较强的实用性，所以在生产、科研、

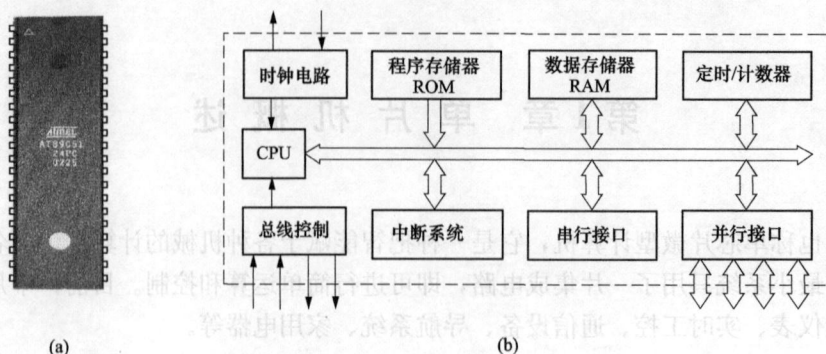

图 1-2　MCS-51 系列单片机示意图
(a) 单片机外观示意图；(b) 内部结构示意图

生活等领域得到广泛应用，不同用户可利用其内部资源设计出不同的单片机应用系统。本书介绍的单片机是指通用型单片机。

专用型单片机是专门针对某个特定产品而设计的，如手机、洗衣机、空调、点钞机等产品中使用的单片机。由于专用型单片机在研制中可针对特定需求进行最优化考虑，因此具有十分明显的综合优势，越来越多的用于特定产品中。

1.2　单片机的发展与应用

1.2.1　单片机发展概述

单片机最早用在工业控制领域。单片机由芯片内仅有 CPU 的专用处理器发展而来。最早的设计理念是通过将大量外围设备和 CPU 集成在一个芯片中，使计算机系统更小，更容易集成到复杂且对体积要求严格的控制设备中。Intel 公司的 Z80 是最早按照这种思想设计出的处理器，从此以后，单片机和专用处理器的发展便分道扬镳。

1976 年，Intel 公司推出了第一代 8 位单片机——MCS-48 系列单片机。它集成有 8 位 CPU、1K 字节 ROM、64 字节 RAM、27 根 I/O 线和 1 个 8 位定时/计数器。其特点是存储器容量较小、寻址范围小（不大于 4K）、无串行接口、指令系统功能不强。

1980 年，Intel 公司推出了第二代单片机——MCS-51 系列单片机。它集成有 8 位 CPU、4KB ROM、128B RAM、4 个 8 位并行接口、1 个全双工串行接口、2 个 16 位定时/计数器，寻址范围 64K，并有控制功能较强的布尔处理器。其特点是结构体系完善，性能有很大提高，进一步突出面向控制的特点。目前，MCS-51 系列单片机已成为公认的单片机经典机种。

随着工业控制领域要求的提高，开始出现 16 位单片机，但因为性价比不理想并未得到很广泛的应用。Intel 公司 i960 系列特别是后来的 ARM 系列的广泛应用，32 位单片机迅速取代 16 位单片机的高端地位，并进入主流市场。而传统的 8 位单片机的性能也得到飞速提高，处理能力比 20 世纪 80 年代的提高了数百倍。目前，高端的 32 位单片机主频已超过 300MHz，性能直追 20 世纪 90 年代中期的专用处理器。当代单片机系统已不再只在裸机环境下开发和使用，大量专用的嵌入式操作系统被广泛应用在全系列的单片机上。

而在作为掌上电脑和手机核心处理的高端单片机，甚至可直接使用专用的 Windows 和 Linux 等操作系统。

近十年出现的具有许多新特点的单片机，可称为第三代单片机。它具有内存容量大、I/O 功能丰富的特点，在抗干扰、抗噪声、功耗管理等方面有了很大改善。

单片机经历了 4 位、8 位、16 位到 32 位的发展过程，目前已有几十个系列、上百种型号的单片机。应用比较广、影响比较大的单片机有：

（1）美国 Intel 公司 MCS-48 系列、MCS-51 系列、MCS-96 系列单片机。

（2）美国 Atmel 公司的 AT89 系列单片机。

（3）美国 Motorola 公司的 6801、6802、6803、6805 和 68HC11 系列单片机。

（4）美国 Zilog 公司的 Z8、Super8 系列单片机。

（5）美国 Fairchild 公司的 F8 和 3870 系列单片机。

（6）美国 TI 公司的 TMS7000 系列单片机。

（7）美国 NS 公司的 NS8070 系列单片机。

（8）日本 NEC 公司的 μPD7800 系列单片机。

（9）日本 Hitachi 公司的 HD6301、HD6305 系列单片机。

（10）荷兰 Philips 公司的 80C51、80C552 系列单片机。

在众多的产品中，Intel 公司的 MCS-51 系列单片机市场占有率最高。到目前为止 MCS-51 系列单片机有数百个产品，而且还在不断推出功能更强的新产品。因此 MCS-51 系列单片机成为教学的首选。由它组成的控制系统不仅简单、方便，而且价格低廉。

1.2.2　MCS-51 系列单片机

MCS-51 系列单片机有多种，如 8051/8751/8031、8052/8752/8032、80C51/87C51/80C31、80C52/87C52/80C32 等。

在制造上，该系列产品的生产工艺有两种：一种是 HMOS 工艺，即高密度短沟道 MOS 工艺；另一种是 CHMOS 工艺，即互补金属氧化物的 HMOS 工艺。CHMOS 是 CMOS 和 HMOS 的结合，既保持了 HMOS 高速度和高密度的特点，还具有 CMOS 低功耗的特点。在产品型号中凡带有字母"C"的即为 CHMOS 芯片，CHMOS 芯片的电平既与 TTL 电平兼容，又与 CMOS 电平兼容。

在功能上，该系列单片机有基本型和增强型两大类，通常芯片型号的末位数字为"1"的是基本型，末位数字为"2"的是增强型。MCS-51 系列单片机资源配置见表 1-1。

表 1-1　　　　　　　　　　　MCS-51 系列单片机资源配置

子系列	片内程序存储器				片内存储器容量		定时/计数器	中断源
	无	ROM	EPROM	EEPRROM	ROM	RAM		
51 子系列	8031	8051	8751	8951	4KB	128B	2 个	5 个
	80C31	80C51	87C51	89C51	4KB	128B	2 个	5 个
52 子系列	8032	8052	8752	8952	8KB	256B	3 个	6 个
	80C32	80C52	87C52	89C52	8KB	256B	3 个	6 个

世界上很多 IC 生产厂家都生产与之兼容的单片机，如 Philips 公司、Atmel 公司，这些兼容的单片机仍然采用 MCS-51 系列单片机的结构和指令系统，只是在功能和内部资源等方

面有所扩展。由此可见，只要熟悉一种单片机的使用方法，其他型号的单片机也就能快速掌握。

1.2.3　单片机的应用

单片机以高性能、高速度、高可靠性、体积小、价格低廉、控制功能强、使用方便及易于产品化等优点，应用于我们生活的各个领域。导弹的导航装置，飞机上各种仪表的控制，计算机的网络通信与数据传输，工业自动化过程的实时控制和数据处理，广泛使用的各种智能 IC 卡，民用豪华轿车的安全保障系统，摄像机、全自动洗衣机的控制，以及程控玩具、电子宠物等，都离不开单片机。其主要应用领域如下：

1. 智能仪器仪表

单片机应用于仪器仪表中，结合不同类型的传感器，可实现电压、功率、频率、湿度、温度、流量、速度、厚度、角度、长度、压力等物理量的测量。采用单片机控制的仪器仪表，如功率计、示波器及各种分析仪，实现了仪器仪表数字化、智能化、微型化，且功能比采用电子或数字电路更加强大。

2. 工业控制

用单片机可构成形式多样的控制系统、数据采集系统，如工厂流水线的智能化管理、电梯智能化控制、各种报警系统、与计算机联网构成二级控制系统等。

3. 家用电器及玩具

现在的家用电器基本上都采用了单片机控制，从电饭煲、洗衣机、电冰箱、空调机、彩电、其他音响视频器材，再到电子称量设备，五花八门，无所不在。

4. 计算机网络和通信

单片机普遍具备通信接口，可以很方便地与计算机进行数据通信，为在计算机网络和通信设备间的应用提供极好的物质条件，现在的通信设备如手机、电话机、小型程控交换机、楼宇自动通信呼叫系统、列车无线通信、集群移动通信、无线电对讲机等，基本上都实现了单片机智能控制。

5. 医用设备

单片机在医用设备，如医用呼吸机、各种分析仪、监护仪、超声诊断设备及病床呼叫系统等设备中的用途也相当广泛。

此外，单片机在工商、金融、科研、教育、国防航空航天等领域都有着十分广泛的用途。

1.3　计算机中的常用术语和数据表示

1.3.1　常用术语

1. 位

位是计算机所表示的最小数据单位，有"0"和"1"两种取值，实际就是二进制数。日常生活中很多现象都可用二进制数表示，例如，灯开关的"闭"和"合"两种状态可分别用"0"和"1"表示，一个开关就是一"位"。

2. 字节

一个开关有两种状态，用"0"和"1"表示。两个开关可表示为"00、01、10、11"四种状态，也就是"0、1、2、3"，依次类推。计算机中通常把 8 位二进制码放在一起，称为一个字节，用 B 表示，可表示十进制数 0～255，共 256 种状态。1KB＝1024B，1MB＝1024KB＝1024×1024B。

3. 字

字是计算机内部进行数据处理的单位。1 个字由 16 位二进制码组成；两个字称双字，由 32 位二进制码组成。字通常与计算机的寄存器、运算器、数据总线的宽度一致。

1.3.2　数据表示

1. 常用数制

计算机用于处理各种信息，首先要将信息表示成具体的数据形式，选择什么样的数制来表示数，对机器的结构、性能和效率有很大影响。

所谓数制（即计数制）是指计数的规则，数制有多种，在计算机中常用的数制有二进制、十进制和十六进制。

（1）十进制。十进制是人们日常生活中最熟悉的一种进制，用 0，1，…，9 这 10 个数字来描述。十进制计数规则是逢十进一。十进制各位的权是以 10 为底的幂，如任意一个四位十进制数，可按权展开成如下形式：

$$D_3 D_2 D_1 D_0 = D_3 \times 10^3 + D_2 \times 10^2 + D_1 \times 10^1 + D_0 \times 10^0 \tag{1-1}$$

式（1-1）中各位的权分别是 10^0（个位）、10^1（十位）、10^2（百位）、10^3（千位）。

【例 1-1】　将 51497 按权展开。

解： $51497 = 5 \times 10^4 + 1 \times 10^3 + 4 \times 10^2 + 9 \times 10^1 + 7 \times 10^0$

（2）二进制。二进制是计算机能够直接识别的一种数制。用"0"和"1"这 2 个数字来描述。二进制计数规则是逢二进一。二进制各位的权是以 2 为底的幂，如任意一个四位二进制数，可按权展开成如下形式：

$$B_3 B_2 B_1 B_0 = B_3 \times 2^3 + B_2 \times 2^2 + B_1 \times 2^1 + B_0 \times 2^0 \tag{1-2}$$

式（1-2）中各位的权分别是 2^0（1）、2^1（2）、2^2（4）、2^3（8）。

【例 1-2】　将 $(1101)_2$ 转换为十进制数。

解： $(1101)_2 = 1 \times 2^3 + 1 \times 2^2 + 0 \times 2^1 + 1 \times 2^0 = (13)_{10}$

（3）十六进制。由于二进制书写冗长，不便于人们阅读和记忆，所以人们在计算机指令代码和数据书写中经常使用十六进制，用 0，1，…，9 这 10 个数字和 A、B、…、F（或 a、b、…、f）6 个字符来描述。其中 A、B、C、D、E、F 所代表数的大小相当于十进制的 10、11、12、13、14、15。十六进制计数规则是逢十六进一。十六进制各位的权是以 16 为底的幂，如任意一个四位十六进制数，可按权展开成如下形式：

$$H_3 H_2 H_1 H_0 = H_3 \times 16^3 + H_2 \times 16^2 + H_1 \times 16^1 + H_0 \times 16^0 \tag{1-3}$$

式（1-3）中各位的权分别是 $16^0(1)$、$16^1(16)$、$16^2(256)$、$16^3(4096)$。

【例 1-3】　将 $(1EA)_{16}$ 转换为十进制数。

解： $(1EA)_{16} = 1 \times 16^2 + 14 \times 16^1 + 10 \times 16^0 = (490)_{10}$

（4）不同进制的区分。不同进制的区分方法是在数的结尾以一个字母来标示。

1）十进制数书写时结尾用字母 D（或不带字母）。

2）二进制数书写时结尾用字母 B。

3）十六进制数书写时结尾用字母 H。

（5）常用数制对应关系。

表 1-2 列出了常用数值 0～15 的各种数制间的对应关系。为便于以后学习，应该熟练掌握该表。

表 1-2　　　　　　　　　　　　　　常用数制的对应关系

十进制数	二进制数	十六进制数	十进制数	二进制数	十六进制数
0	0000B	0H	8	1000B	8H
1	0001B	1H	9	1001B	9H
2	0010B	2H	10	1010B	0AH
3	0011B	3H	11	1011B	0BH
4	0100B	4H	12	1100B	0CH
5	0101B	5H	13	1101B	0DH
6	0110B	6H	14	1110B	0EH
7	0111B	7H	15	1111B	0FH

2. 不同数制之间的转换

本节所讲的转换方法都是针对整数进行的转换。

（1）十进制数转换为二进制数。十进制数转换为二进制数采用除 2 取余法，即把待转换的十进制数不断地用 2 除，一直到商是 0 为止，然后将所得余数由下至上排列，即为转换后的二进制数。

【例 1-4】　将十进制数 121 转换为二进制数。

$$
\begin{array}{r}
2\,\underline{|121} \cdots\cdots\cdots 1 \quad\text{低位} \\
2\,\underline{|60} \cdots\cdots\cdots 0 \\
2\,\underline{|30} \cdots\cdots\cdots 0 \\
2\,\underline{|15} \cdots\cdots\cdots 1 \\
2\,\underline{|7} \cdots\cdots\cdots 1 \\
2\,\underline{|3} \cdots\cdots\cdots 1 \\
2\,\underline{|1} \cdots\cdots\cdots 1 \quad\text{高位} \\
0
\end{array}
$$

结果是：$(121)_{10}=(1111001)_2$。

（2）二进制数转换为十进制数。二进制数转换为十进制数采用位权法，即把二进制数按权展开，然后求和。

【例 1-5】　将 $(110101)_2$ 转换为十进制数。

解：$(110101)_2=1\times2^5+1\times2^4+0\times2^3+1\times2^2+0\times2^1+1\times2^0=(53)_{10}$

（3）二进制数转换为十六进制数。二进制数转换为十六进制数的规则是从右向左，每四位二进制数用一位十六进制数来表示，不足部分用 0 补齐。

【例 1-6】　将 $(1110110101011111101)_2$ 转换为十六进制数。

解：00<u>11</u>　<u>1011</u>　<u>0101</u>　<u>0111</u>　<u>1101</u>
　　　3　　B　　5　　7　　D

结果是 $(1110110101011111101)_2 = (3B57D)_{16}$。

（4）十六进制数转换为二进制数。十六进制数转换为二进制数正好与二进制数转换为十六进制数的方法相反，即一位十六进制数用四位二进制数表示。

3．编码

（1）字符的二进制编码——ASCII 码。字符的编码经常采用美国标准信息交换码（American Standard Code for Information Interchange，ASCII）。

ASCII 码由 8 位二进制码编码表示。当最高位为"0"时，表示标准 ASCII 码，共有128 个字符，通常表示数字、英文大小写字母、标点符号等字符。当最高位为"1"时，表示扩展 ASCII 字符，如希腊字母等特殊符号。

ASCII 码常用于计算机和外部设备的数据传输，如通过键盘的字符输入，通过打印机和显示器的数据输出。常用字符的 ASCII 码见表 1-3。

表 1-3   常用字符的 ASCII 码

字符	ASCII 码	字符	ASCII 码	字符	ASCII 码	字符	ASCII 码
0	30H	A	41H	a	61H	SP（空格）	20H
1	31H	B	42H	b	62H	CR（回车）	0DH
2	32H	C	43H	c	63H	LF 换行	0AH
⋮	⋮	⋮	⋮	⋮	⋮	⋮	⋮
9	39H	Z	5AH	z	7AH	BS（退格）	08H

（2）用二进制码表示十进制数的代码——BCD 码。计算机能直接识别和处理的是二进制数，但人们习惯于十进制数，为此需要在二进制和十进制之间建立联系，这就引出二-十进制。

在二-十进制中，用四位二进制数来表示 0～9 十个数字。用二进制码表示十进制数的代码称为二-十进制码，也称 BCD 码。常用的 BCD 码是 8421BCD 码，见表 1-4。

表 1-4   8421BCD 码

十进制数	BCD 码制	十进制数	二进制
0	0000B	5	0101B
1	0001B	6	0110B
2	0010B	7	0111B
3	0011B	8	1000B
4	0100B	9	1001B

BCD 码又分为压缩 BCD 码和非压缩 BCD 码。用 1 个字节表示 2 位十进制数的代码，称为压缩 BCD 码。用 8 位二进制码表示 1 位十进制数的编码称为非压缩 BCD 码。相对于压缩 BCD 码，这时高 4 位无意义，低 4 位是 BCD 码。采用压缩 BCD 码比采用非压缩 BCD 码节省存储空间。当 4 位二进制码在 1010B～1111B 范围时，不属于 8421BCD 码的合法范围，称为非法码。2 个 BCD 码的运算可能出现非法码，这时要对所得结果用调整指令进行调整。

1.3.3 计算机中带符号数的表示

计算机中带符号数有原码、反码和补码三种表示方法。

1. 原码和反码

数学上，数有正、负之分，分别用符号"＋""－"来表示。但对计算机来说，它不认识这两个符号。通常用二进制数"0"和"1"对其编码来表示，即用"0"表示正数，用"1"表示负数。

这样一个带符号的二进制数可直接用最高位（字节、字、双字）表示符号，数值部分用其绝对值表示，这种表示法称为原码表示法。符号被数值化了的二进制数称为机器数，它原来带"＋""－"号的数就称为机器数的真值。如带"＋""－"号的数－1011001B（－59H）表示真值，符号被数值化了的数 11011001B（0D9H）表示机器数。

正数的反码与其原码相同；负数的反码是符号位用"1"表示，其余部分是其原码数值位逐位取反。

【例1-7】 写出带符号数±1100101B（±65H）的原码和反码。

解：

真值	原码	反码
＋1100101B	01100101B	01100101B
－1100101B	11100101B	10011010B

注意：二进制数采用原码和反码表示时，符号位不能同数值一道参加运算，否则会导致运算错误。

2. 补码

在计算机中，带符号数的运算均采用补码。正数的补码与其原码相同，负数的补码为其反码末位加1。

【例1-8】 写出带符号数±1000010B（±42H）的原码、反码和补码。

解：

真值	原码	反码	补码
＋1000010B	01000010B	01000010B	01000010B
－1000010B	11000010B	10111101B	10111110B

反之，如果已知一个负数的补码如何求其真值呢？如求补码 11101100B 的真值。由于 11101100B 的最高位是"1"，所以表示此数为负数。求一个负数补码真值的方法是对该补码求补，即符号位不变，数值位取反加1，得到该负数的原码，由该原码可知其真值。

按照此方法，求得 11101100B 的原码为 10010100B，真值为－0010100B。

在计算机中可利用补码将减法运算转换为加法运算，这样有利于计算机来实现。运算时符号位可连同数值一起参加运算。

【例1-9】 求 39H－51H＝？

解： 用补码运算可先求 [39H]$_补$＋[－51H]$_补$的值。

[39H]$_补$＝00111001B，[－51H]$_补$＝10101111B

$$\begin{array}{r} 0\,0\,1\,1\,1\,0\,0\,1 \\ +\,1\,0\,1\,0\,1\,1\,1\,1 \\ \hline \end{array}$$

结果：1 1 1 0 1 0 0 0

然后，求 11101000B 的真值，结果为－0011000B（即－18H），求得 39H－51H＝－18H。

常用典型带符号数的原码、反码和补码见表 1-5。

表 1-5　　　　　　　　　常用典型带符号数的原码、反码和补码

真　值	原　码	反　码	补　码
+127	01111111B	01111111B	01111111B
+1	00000001B	00000001B	00000001B
+0	00000000B	00000000B	00000000B
−0	10000000B	11111111B	00000000B
−1	10000001B	11111110B	11111111B
−127	11111111B	10000000B	10000001B
−128	—	—	10000000B

由表 1-5 可见，原码和反码的单字节表示范围为−127～+127；而补码的单字节表示范围为−128～+127。

本章小结

（1）微型计算机由 CPU、存储器、I/O 接口构成。

（2）在一片集成电路芯片上集成了微处理器、存储器、I/O 接口电路的一个不带外部设备的微型计算机，简称单片机。它具有高性能、高速度、高可靠性、体积小、价格低廉、控制功能强、使用方便及易于产品化等特点。

（3）单片机广泛应用于智能化仪器仪表、工业控制、家用电器等领域。

（4）MCS-51 系列单片机是 Intel 公司生产的 8 位机，分为基本型（51 子系列）和增强型（52 子系列）两大类。

（5）二进制数转换为十进制数采用位权法，十进制数转换为二进制数采用除 2 取余法；十六进制数与二进制数的对应关系是四位二进制数表示一位十六进制数。

（6）ASCII 码为美国标准信息交换码，通常用于表示数字、英文大小写字母、标点符号等字符。BCD 码为二-十进制码，是用二进制码表示十进制数的代码。

（7）计算机中带符号数的表示方法有原码、反码和补码三种。

（8）位是计算机所表示的最小数据单位。一个字节表示 8 位二进制数。

思考与练习题

1. 什么叫单片机？其主要特点有哪些？

2. 微型计算机由哪几部分构成？

3. 单片机与个人计算机有何区别？

4. 单片机应用于哪些领域？

5. 求下列带符号数的原码和补码，分别用二进制数和十六进制数表示。

（1）+53D；（2）−53D；（3）187D；（4）−7FH；（5）−1001101B。

6. 将下列十六进制无符号数转化为二进制数和十进制数。

(1) 3AH；(2) 0D3H；(3) 48H；(4) 6FH；(5) 64H。

7. 求下列补码表示的数的原码和真值，分别用二进制数和十进制数表示。

(1) 5AH；(2) 80H；(3) 0FFH；(4) 32H。

8. 将下列数表示为压缩 BCD 码。

(1) 217D；(2) 95D。

第 2 章　MCS-51 系列单片机的硬件结构

2.1　MCS-51 系列单片机的基本结构和应用模式

MCS-51 系列单片机的典型芯片型号有 8031、8051、8751、80C31、80C51、89C51、89C2051 等。它们的硬件结构基本相同，每种型号的单片机只是在存储器配置上有所不同。本章以 80C51 单片机为例，介绍单片机的内部结构和引脚。

2.1.1　单片机的内部结构

80C51 单片机由中央处理器（CPU）、程序存储器（ROM）、数据存储器（RAM）、并行接口、串行接口、定时/计数器、中断系统等几个单元组成，各单元之间通过数据总线、地址总线和控制总线连接。

80C51 单片机的基本结构如图 2-1 所示。

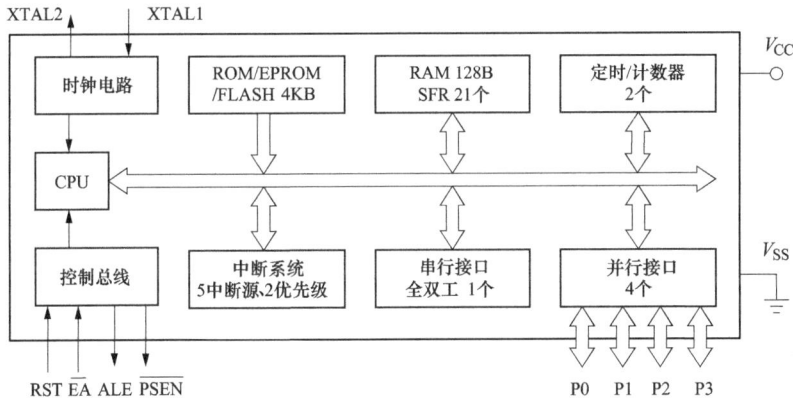

图 2-1　单片机基本结构

1. 中央处理器（CPU）

中央处理器（CPU）是单片机的核心，相当于人的"大脑"，主要完成运算和控制功能。它是一个 8 位的 CPU，由运算器和控制器组成。

（1）运算器。运算器主要功能是完成加、减、乘、除、加 1、减 1、十进制调整、比较等算术运算，与、或、异或等逻辑运算。在运算器中频繁使用 CPU 内部的累加器 ACC、寄存器 B、暂存器等，并将运算结果的状态特征（如进位、借位、溢出等）存放在程序状态字寄存器（PSW）中。

（2）控制器。控制器是单片机的指挥中心，其功能是协调单片机各部分的工作。它由指令寄存器、指令译码器、定时与控制、程序计数器（PC）组成。

单片机工作前，要先在程序存储器中装入程序。所谓程序，是指为完成某种操作的一系列指令的集合，而指令则是执行某种操作的命令。运行程序时，控制器控制从程序存储器（ROM）中取指令存入指令寄存器，再经指令译码器分析指令，产生相应的控制信号，控制各单元部件完成相应的操作。实际上，计算机的工作过程就是不断读取指令、分析指令、执行指令的过程。

那么，CPU 是如何完成取指令、分析指令和执行指令的全过程呢？

在单片机复位后，PC 会自动指向第一条要执行指令的地址，即 PC 指向第一条指令存放的存储单元首地址（指令第一字节的地址）。CPU 从该存储单元中取出指令，把它暂存在指令寄存器中，然后指令的操作码部分进入指令译码器译码。根据译码结果控制电路发出相应的控制信号来控制 CPU 各个部件，完成该指令的操作。指令的地址码部分送往操作数形成电路，形成操作数地址，然后 CPU 通过总线从该地址所在单元取出操作数，将其送入暂存器，再由暂存器送入算术逻辑单元（ALU）中完成相应功能。最后，运算结果送入指令所指定的单元，同时将运算结果的状态标志送入 PSW 中。以上操作都是在时钟电路控制下，按规定时序完成的。

PC 是一个 16 位的加 1 计数器，其内容为将要执行的指令的首地址，寻址范围 64KB。PC 有自动加 1 功能，从而实现程序的顺序执行。注意：PC 没有地址，是不可寻址的，因此用户无法对其寻址。

有时 CPU 要执行转移、子程序调用及中断响应等操作，那么 PC 中的内容不再是简单的加 1，而是根据要完成的操作自动来置入或改变其内容，以实现程序的转移。

2. 内部数据存储器（RAM）

80C51 单片机内部有 128 个存储单元，能作为存储器供用户使用，用于存放可读写的数据。

3. 内部程序存储器（ROM）

80C51 单片机内部有 4KB 掩模 ROM，用于存放程序、原始数据或表格。

4. 定时/计数器

80C51 单片机内部有两个 16 位的定时/计数器，可实现定时和计数功能，并通过定时和计数的结果实现信号的产生等控制。

5. 并行接口

80C51 单片机有 4 个 8 位并行 I/O 接口，即 P0、P1、P2、P3。通过这 4 个接口可实现数据的并行输入和输出。

6. 串行接口

80C51 单片机有一个全双工的串行接口，通过该接口可实现单片机和其他设备之间的串行数据传送。其功能较强，既可作为全双工异步通信收发器使用，也可作为同步移位器使用。

7. 中断系统

80C51 单片机的中断系统有 5 个中断源、2 个优先级，用于满足控制应用的需要。

8. 时钟电路

将 80C51 单片机内部时钟电路与外加石英晶体和电容相连，可产生时钟脉冲序列，为单片机提供工作时钟。

9. 三总线

（1）数据总线（DB）：用来实现微处理器、存储器、I/O 接口之间的数据双向传送。80C51 单片机有 8 根数据总线，D0～D7，由 P0 接口提供。数据总线的位数与单片机的位数相同，如 8 位单片机的数据总线有 8 根。

（2）地址总线（AB）：用来传送微处理器单向发出的存储器或 I/O 接口的地址码，以选择相应的存储单元和 I/O 接口。地址总线的位数决定单片机可寻址的存储单元数目。80C51 单片机有 16 根地址总线，A0～A15，可寻址 64K（$2^{16}=65\ 536$，1K=1024）存储单元。由 P2 接口提供地址的高 8 位 A8～A15，P0 接口提供地址的低 8 位 A0～A7。

（3）控制总线（CB）：用来给出单片机中各个部分协调进行工作的定时信号和控制信号，保证正确执行程序指令时所要求的各种操作。控制总线的数目由机型决定。

2.1.2　单片机的引脚封装

MCS-51 系列单片机有 DIP（双列直插式）、QFP 和 PLCC 封装，如图 2-2 所示。

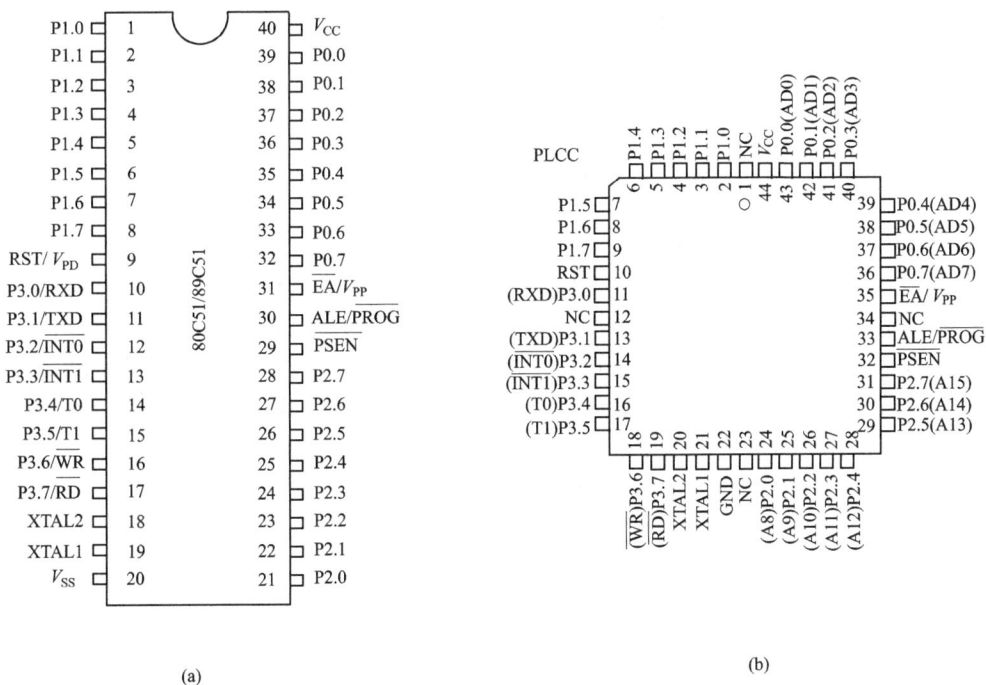

(a)　　　　　　　　　　　　　　　　　(b)

图 2-2　引脚排列

(a) DIP 封装引脚排列；(b) PLCC 封装引脚排列

1. 电源引脚

（1）V_{CC}（40 脚）：电源端，接+5V。

（2）V_{SS}（20 脚）：接地端。

2. 时钟引脚

（1）XTAL1（19 脚）：外接石英晶体和电容引脚，与片内振荡器连接。采用外部振荡器时，此引脚接地。

（2）XTAL2（18 脚）：外接石英晶体和电容引脚，与片内振荡器连接。采用外部振荡器时，此引脚为外部信号的输入端。

时钟电路的两种连接方式如图 2-3 所示。

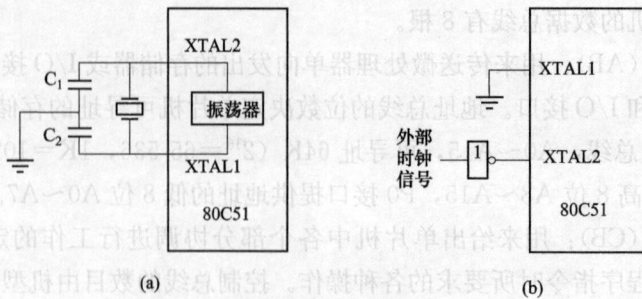

图 2-3　时钟电路连接方式

(a) 内部时钟电路连接方式；(b) 外部时钟电路连接方式

图 2-3 (a) 中 C_1 和 C_2 的电容值在 5~30pF，典型值 30pF。晶振的振荡频率范围在 1.2~12MHz，典型值 6MHz 和 12MHz。晶体振荡频率越高，系统的振荡频率就越高，则单片机的运行速度就越快。

3. 复位信号输入引脚

RST/V_{PP}（9 脚）：如果在复位引脚输入 24 个振荡周期以上的高电平，将使单片机复位。复位后使单片机进入初始化状态。

初始化后 PC=0000H，表示程序从 0000H 地址单元开始执行；单片机启动后，片内 RAM 为随机值，运行中的复位操作不改变片内 RAM 的内容；特殊功能寄存器复位后的状态是确定的：P0~P3=FFH；SP=07H；IP、IE 和 PCON 的有效位为 0，各中断源处于低优先级且均被关断、串行通信的波特率不加倍；PSW=00H，当前工作寄存器为 0 组。实际应用中，复位操作通常有上电复位和按键复位两种基本形式，如图 2-4 所示。

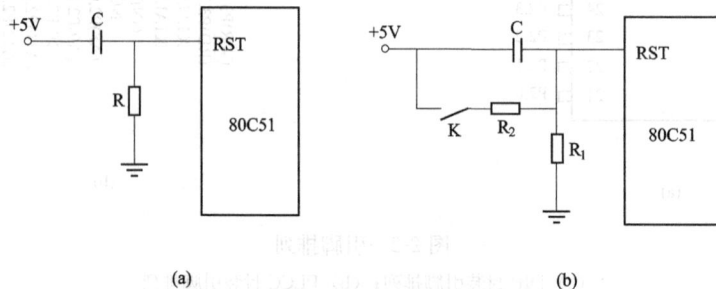

图 2-4　复位操作形式

(a) 上电复位；(b) 按键复位

4. 其他控制引脚

（1）$\overline{EA}/V_{PP}$（31 脚）：第一功能 $\overline{EA}$ 为片内片外程序存储器的选择引脚。如果单片机片内有程序存储器，$\overline{EA}$ 引脚应该接高电平；而对片内无程序存储器的单片机，$\overline{EA}$ 引脚接地。如 80C51 单片机的 $\overline{EA}$ 引脚需要接高电平，而 80C31 单片机的 $\overline{EA}$ 引脚接地。此引脚的第二功能 V_{PP} 是对单片机内部 EPROM 编程电压的输入端。

（2）ALE/$\overline{PROG}$（30 脚）：第一功能 ALE 为地址锁存器允许信号输出引脚。当访问片外程序存储器或数据存储器时，利用该引脚输出的信号控制锁存器锁存 P0 接口送出低 8 位地址信号。单片机启动后，该引脚输出一个 1/6 振荡频率的脉冲信号，供检测单片机的好坏等用途。此引脚的第二功能 $\overline{\text{PROG}}$ 是对片内 EPROM 编程时，编程脉冲输入引脚。

（3）$\overline{\text{PSEN}}$（29 脚）：读片外程序存储器选通信号输出引脚。在访问片外程序存储器时，输出负脉冲作为读选通信号，该信号在 12 个振荡周期中两次有效。而在访问片外数据存储器时，这两次有效信号将不出现。

5. 并行 I/O 接口引脚

（1）P0 接口的 8 个引脚：P0.0～P0.7（39～32 引脚），用作一般 I/O 接口或 8 位数据总线/低 8 位地址总线的复用接口。

（2）P1 接口的 8 个引脚：P1.0～P1.7（1～8 引脚），用作一般的 I/O 接口。

（3）P2 接口的 8 个引脚：P2.0～P2.7（28～21 引脚），用作一般 I/O 接口或高 8 位地址总线的接口。

（4）P3 接口的 8 个引脚：P3.0～P3.7（10～17 引脚），用作一般 I/O 接口或第二功能的接口。

2.1.3　单片机的应用模式

一般的微处理器芯片都有独立的地址总线和数据总线，但单片机由于芯片引脚数量限制，地址总线和数据总线常采用复用方式，即与并行 I/O 接口引脚兼用。用这些引脚可构成单片机系统的三总线结构，如图 2-5 所示。

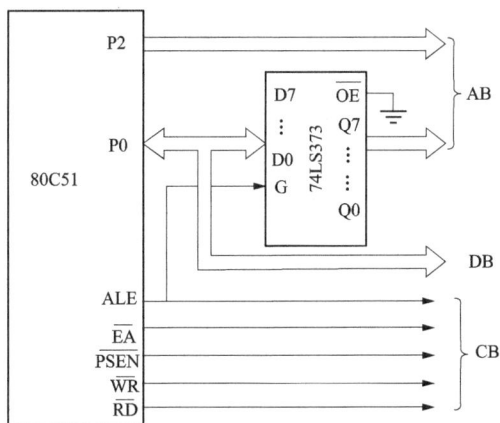

图 2-5　片外三总线结构

2.2　MCS-51 系列单片机的存储器组织

存储器的功能是存储信息（程序和数据）。存储器由大量寄存器组成，其中每一个寄存器就称为一个存储单元，每个存储单元又由触发器构成。一个触发器可保存一位二进制代码，一个触发器就是一个一位寄存器。MCS-51 系列单片机的存储单元为 8 位，每位都是一个二进制数"0"或"1"，即每个存储单元可存放一个字节的信息，因此由 8 个触发器组成。

每个存储单元都有一个用二进制数表示的标识地址，应用中注意区分存储单元地址和存储单元内容，如教室的门牌号 510（地址）和教室内的学生数（内容）。

单片机向存储单元存放信息称为"写"，从存储单元取出信息称为"读"。"读"和"写"操作称为访问存储器。

MCS-51 系列单片机的存储器可分为片内程序存储器、片外程序存储器、片内数据存储器、特殊功能寄存器及片外数据存储器五类。它的存储器地址空间可划分为三个：

（1）片内、片外统一编址的 64KB 程序存储器地址空间（地址为 16 位）。

（2）片内数据存储器与特殊功能寄存器统一编址的内部数据存储器地址空间（地址为 8 位）。

（3）片外 64KB 的数据存储器空间（地址为 16 位）。

80C51 单片机的存储器地址空间分配如图 2-6 所示。在访问图 2-6（b）中三个不同的地址空间时，采用不同的指令。

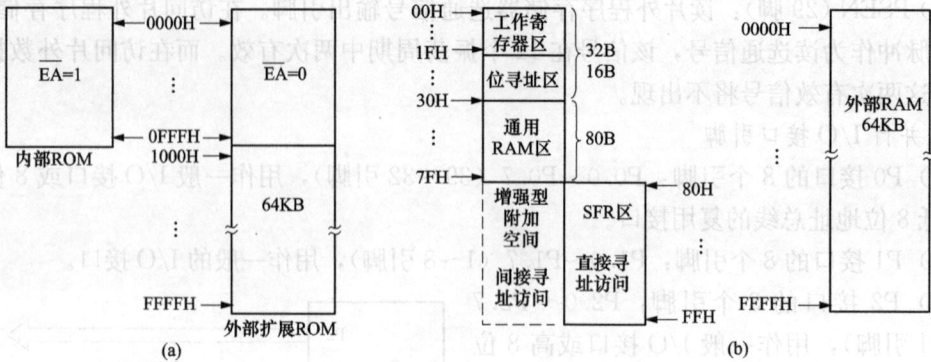

内部ROM　EA=1　0000H
　　　　　　0FFFH
外部扩展ROM　EA=0　1000H
　　　　　　64KB
　　　　　　FFFFH
(a)

工作寄存器区　00H
　　　　　　1FH　32B
位寻址区　16B
　　　　　　30H
通用RAM区　80B
　　　　　　7FH
增强型附加空间　间接寻址访问
SFR区　直接寻址访问　80H
　　　　　　FFH
(b)

外部RAM 64KB　0000H
　　　　　　FFFFH

图 2-6　80C51 单片机的存储器地址空间分配

(a) 程序存储器配置；(b) 数据存储器配置

由图 2-6 可看出，MCS-51 系列单片机的程序存储器和数据存储器空间是分开的，这种结构称为哈佛结构。当单片机内部的程序存储器和数据存储器不能满足要求时，需要在单片机外部扩展存储器，我们称为外部存储器。

2.2.1　程序存储器配置

如图 2-6（a）所示。MCS-51 系列单片机有片内有程序存储器（如 8051、80C51）和片内无程序存储器（如 8031、80C31）之分，通过 $\overline{EA}$ 引脚来选择片内程序存储器和片外程序存储器。80C51 单片机片内配置 4KB 的掩模 ROM，其地址范围为 0000H～0FFFH。当 $\overline{EA}$ 接高电平时，指令寻址范围在 0000H～0FFFH 时，CPU 访问内部程序存储器；如果指令寻址范围大于 0FFFH 时，CPU 自动转向外部程序存储器访问，指令寻址范围为 1000H～FFFFH。当 $\overline{EA}$ 接低电平时，CPU 只能访问外部程序存储器，外部程序存储器的地址从 0000H 编址。80C31 单片机因其内部无程序存储器，所以 $\overline{EA}$ 引脚需要接地。

程序存储器的一些低端地址单元是用来存储特定程序的入口地址：

0000H～0002H：程序的入口地址；

0003H～000AH：外部中断 0 的中断服务程序；

000BH～0012H：定时/计数器 T0 的中断服务程序；

0013H～001AH：外部中断 1 的中断服务程序；

001BH～0022H：定时/计数器 T1 的中断服务程序；

0023H～002AH：串行接口的中断服务程序。

当单片机响应中断后，系统根据中断类型自动转到相应的中断服务程序入口地址，执行中断服务程序。一般情况下，中断服务程序比预留的地址空间大，这时需要将中断服务程序存放到其他的存储器空间，然后在这些入口地址存入一条无条件转移指令，将程序转向中断服务程序，使它们对应起来。

2.2.2　内部数据存储器配置

80C51 单片机的片内数据存储器共有 128B，地址范围 00H～7FH，划分成三个区：工作寄存器区，位寻址区和通用 RAM 区。如图 2-6（b）所示。

1. 工作寄存器区

地址范围在 00H～1FH 的 32 个字节分成 4 个工作寄存器组，每组 8 个字节。当前工作寄存器组的设置有利于子程序调用时的数据保护。4 个工作寄存器组具体划分如下：

(1) 第 0 组工作寄存器：地址范围在 00H～07H。

(2) 第 1 组工作寄存器：地址范围在 08H～0FH。

(3) 第 2 组工作寄存器：地址范围在 10H～17H。

(4) 第 3 组工作寄存器：地址范围在 18H～1FH。

每个工作寄存器组都有 8 个寄存器，它们都分别称为 R0、R1、R2、R3、R4、R5、R6、R7，但在程序运行时，只允许有一个工作寄存器组工作，称为当前工作寄存器组。当前工作寄存器组的选择由 PSW 的 RS1 和 RS0 两位的状态组合来决定，见表 2-1。

表 2-1　　　　　　　　　　　　　　当前工作寄存器组的确定

组号	RS1	RS0	R0	R1	R2	R3	R4	R5	R6	R7
0	0	0	00H	01H	02H	03H	04H	05H	06H	07H
1	0	1	08H	09H	0AH	0BH	0CH	0DH	0EH	0FH
2	1	0	10H	11H	12H	13H	14H	15H	16H	17H
3	1	1	18H	19H	1AH	1BH	1CH	1DH	1EH	1FH

如何设置 RS1 和 RS0 状态呢？通过写指令来进行设置。单片机复位后 PSW 的状态为 00H，即 RS1RS0 为 00，默认第 0 组为当前工作寄存器组，也就是说 R0～R7 对应地址为 00H～07H 的寄存器。

当前工作寄存器组从某一工作寄存器组换至另一工作寄存器组时，原工作寄存器组各寄存器的内容将被屏蔽保护起来。如果不需要用四组工作寄存器，那么不用的工作寄存器可作为一般 RAM 使用。当前工作寄存器可用两种方式表示：一是寄存器符号，二是存储单元地址，详见表 2-1。

2. 位寻址区

内部 RAM 20H～2FH 地址范围为位寻址区，共 16 个字节，128 个位地址（00H～7FH）。该地址区的 16 个字节既可按字节进行操作，又可按位操作。

位寻址区的位地址有两种表示方式：一是用位地址表示，二是用单元地址的位序表示。如 25H 单元中的 D2，可表示为 2AH 或 25H.2。位地址与字节地址的关系见表 2-2。

表 2-2　　　　　　　　　　　　　　位地址与字节地址的关系

字节地址	位　地　址							
	D7	D6	D5	D4	D3	D2	D1	D0
20H	07H	06H	05H	04H	03H	02H	01H	00H
21H	0FH	0EH	0DH	0CH	0BH	0AH	09H	08H
22H	17H	16H	15H	14H	13H	12H	11H	10H
23H	1FH	1EH	1DH	1CH	1BH	1AH	19H	18H
24H	27H	26H	25H	24H	23H	22H	21H	20H

续表

字节地址	位 地 址							
	D7	D6	D5	D4	D3	D2	D1	D0
25H	2FH	2EH	2DH	2CH	2BH	2AH	29H	28H
26H	37H	36H	35H	34H	33H	32H	31H	30H
27H	3FH	3EH	3DH	3CH	3BH	3AH	39H	38H
28H	47H	46H	45H	44H	43H	42H	41H	40H
29H	4FH	4EH	4DH	4CH	4BH	4AH	49H	48H
2AH	57H	56H	55H	54H	53H	52H	51H	50H
2BH	5FH	5EH	5DH	5CH	5BH	5AH	59H	58H
2CH	67H	66H	65H	64H	63H	62H	61H	60H
2DH	6FH	6EH	6DH	6CH	6BH	6AH	69H	68H
2EH	77H	76H	75H	74H	73H	72H	71H	70H
2FH	7FH	7EH	7DH	7CH	7BH	7AH	79H	78H

3. 通用 RAM 区

内部 RAM 30H～7FH 地址范围为通用 RAM 区，共 80 个单元。这些单元可作数据缓冲器使用。实际应用中，通常把堆栈设置在该区域。

2.2.3 特殊功能寄存器

MCS-51 系列单片机中设置了 21 个特殊功能寄存器（SFR），它们不连续地分布在地址为 80H～FFH 的 128 个字节的存储空间。

在 21 个特殊功能寄存器中，凡是字节地址能被 8 整除的单元均具有位寻址能力，有效的位地址是 83 个，见表 2-3。

特殊功能寄存器的功能是由硬件线路实现的，其功能是其他存储单元不能替代的。

表 2-3　　　　　　　特殊功能寄存器位地址及字节地址

SFR	位地址/位符号								字节地址
P0	87H	86H	85H	84H	83H	82H	81H	80H	80H
	P0.7	P0.6	P0.5	P0.4	P0.3	P0.2	P0.1	P0.0	
SP									81H
DPL									82H
DPH									83H
PCON	SMOD	—	—	—	GF1	GF0	PD	IDL	87H
TCON	8FH	8EH	8DH	8CH	8BH	8AH	89H	88H	88H
	TF1	TR1	TF0	TR0	IE1	IT1	IE0	IT0	
TMOD	GATE	C/T̄	M1	M0	GATE	C/T̄	M1	M0	89H
TL0									8AH
TL1									8BH
TH0									8CH

续表

SFR	位地址/位符号								字节地址
TH1									8DH
P1	97H	96H	95H	94H	93H	92H	91H	90H	90H
	P1. 7	P1. 6	P1. 5	P1. 4	P1. 3	P1. 2	P1. 1	P1. 0	
SCON	9FH	9EH	9DH	9CH	9BH	9AH	99H	98H	98H
	SM0	SM1	SM2	REN	TB8	RB8	TI	RI	
SBUF									99H
P2	A7H	A6H	A5H	A4H	A3H	A2H	A1H	A0H	A0H
	P2. 7	P2. 6	P2. 5	P2. 4	P2. 3	P2. 2	P2. 1	P2. 0	
IE	AFH	—	—	ACH	ABH	AAH	A9H	A8H	A8H
	EA	—	—	ES	ET1	EX1	ET0	EX0	
P3	B7H	B6H	B5H	B4H	B3H	B2H	B1H	B0H	B0H
	P3. 7	P3. 6	P3. 5	P3. 4	P3. 3	P3. 3	P3. 1	P3. 0	
IP	—	—	—	BCH	BBH	BAH	B9H	B8H	B8H
	—	—	—	PS	PT1	PX1	PT0	PX0	
PSW	D7H	D6H	D5H	D4H	D3H	D2H	D1H	D0H	D0H
	CY	AC	F0	RS1	RS0	OV	—	P	
ACC	E7H	E6H	E5H	E4H	E3H	E2H	E1H	E0H	E0H
	ACC. 7	ACC. 6	ACC. 5	ACC. 4	ACC. 3	ACC. 2	ACC. 1	ACC. 0	
B	F7H	F6H	F5H	F4H	F3H	F2H	F1H	F0H	F0H
	B. 7	B. 6	B. 5	B. 4	B. 3	B. 2	B. 1	B. 0	

将这些特殊功能寄存器按使用功能分类如下：

（1）与微处理器 CPU 有关的寄存器。

1）累加器 A（或 ACC）：是一个 8 位寄存器，地址为 E0H。它是单片机中最繁忙的一个寄存器，它可以起一个中间寄存器的作用，通常存放操作数、运算结果等信息。

2）寄存器 B：是一个 8 位寄存器，地址为 F0H。它主要在乘除法运算中提供操作数和存放运算结果，也可作一般数据寄存器用。

3）程序状态字寄存器（PSW）：是一个 8 位寄存器，地址为 D0H，用于存放程序运行过程中产生的状态信息，供程序查询和判别用。这些状态信息根据指令运行结果由硬件自动生成，或由软件设置。该寄存器可按位操作，也可按字节读出。该寄存器各位含义见表 2-4，表中：

CY 为算术运算的进位或借位标志。有进位或借位时 CY=1，否则 CY=0。

AC 为辅助进位或借位标志（高半字节与低半字节间的进位、借位）。有进位或借位时 AC=1，否则 AC=0。

F0 为用户标志位。可由用户自行设定其含义。

RS1、RS0 为当前工作寄存器组选择标志位。

OV 为溢出标志位。有溢出时 OV＝1，否则 OV＝0。

P 为奇偶标志位。ACC 中结果有奇数个 1 时 P＝1，否则 P＝0。

表 2-4　　　　　　　　　　　　　　　　程序状态字寄存器各位含义

位序	D7	D6	D5	D4	D3	D2	D1	D0
位标志	CY	AC	F0	RS1	RS0	OV	—	P

4）数据指针寄存器（DPTR）：是 16 位的寄存器，用来存放 16 位地址。它由高字节（DPH）和低字节（DPL）两个 8 位寄存器组成，地址为 83H 和 82H，通常为访问片外数据存储器和程序存储器提供 16 位地址，也可作为两个 8 位寄存器使用。

（2）与接口相关的寄存器。

1）并行 I/O 接口 P0、P1、P2、P3，均为 8 位。

2）串行接口数据缓冲器（SBUF）。

3）串行接口控制寄存器（SCON）。

4）串行通信波特率倍增寄存器（PCON），一些位还与电源控制相关，所以又称为电源控制寄存器。

（3）与中断相关的寄存器。

1）中断允许控制寄存器（IE）。

2）中断优先级控制寄存器（IP）。

（4）与定时/计数器相关的寄存器。

1）定时/计数器 T0 的两个 8 位计数初值寄存器 TH0、TL0。它们可构成 16 位的计数器，TH0 存放高 8 位，TL0 存放低 8 位。

2）定时/计数器 T1 的两个 8 位计数初值寄存器 TH1、TL1。它们可构成 16 位的计数器，TH1 存放高 8 位，TL1 存放低 8 位。

3）定时/计数器的工作方式寄存器（TMOD）。

4）定时/计数器的控制寄存器（TCON）。

2.2.4　堆栈特性

1. 堆栈的概念

堆栈是在片内 RAM 中开辟的一片特殊存储区，用来暂存地址、寄存器中的数据等。堆栈区的一端固定称为栈底，另一端是活动的，称为栈顶。数据写入堆栈，称为入栈；数据从堆栈中读出，称为出栈。入栈和出栈操作只能在栈顶进行。入栈和出栈操作遵循"后进先出"的原则，使用时要特别注意。

堆栈是为子程序调用和中断操作而设立的，有保护断点和保护现场两个功能。当单片机执行子程序或中断服务程序时，原来程序的执行顺序发生了改变。因为在单片机中无论是执行子程序，还是执行中断服务程序，最终都要转回主程序，因此要预先把主程序断点地址保护起来，为程序的正确返回做准备，这就是保护断点功能。

另外，单片机在转去执行子程序或中断服务程序后，可能要用主程序使用的寄存器（如A、B、PSW 等），这样会破坏这些寄存器中的内容。为使用这些寄存器，又能保证在返回主程序后恢复其内容，可预先将这些寄存器的内容压入堆栈保护起来，这就是保护现场功能。

2. 堆栈指针寄存器（SP）

堆栈指针寄存器（SP）是一个 8 位的寄存器，地址为 81H。因为堆栈由一组连续的存储单元组成，所以在进行入栈和出栈操作时，必须给出栈顶地址。在 MCS-51 系列单片机中，栈顶地址是保存在 SP 中的，也就是说 SP 中的内容是堆栈区栈顶存储单元的地址。

3. 堆栈的设定

单片机系统复位后，SP 中的内容为 07H。由于这一区域为工作寄存器区，有特殊用途，所以堆栈区的设定要避开这一区域。通常情况，将堆栈区设置在通用 RAM 区 30H～7FH。例如，SP 内容修改为 40H，则新的栈顶存储单元地址为 40H。

4. 堆栈操作

堆栈有向上生长型和向下生长型两种类型。MCS-51 系列单片机属于向上生长型，即栈顶向地址增大的方向变化，操作规则是入栈时，先将 SP 的内容加 1，然后将数据写入 SP 指示的单元中；出栈时，先将 SP 指示的单元数据读出，然后 SP 的内容减 1。

2.3　MCS-51 系列单片机的时钟信号与时序单位

单片机内部的各功能部件需要按照时序有条不紊的工作，就像组织一台晚会要有节目时间表一样。所谓时序，是指指令在执行过程中 CPU 的控制器所发出的各种控制信号在时间上的相互关系。

为说明这种时间关系，需要定义时序定时单位。时序定时单位由小到大依次表示为拍节、状态、机器周期和指令周期，如图 2-7 所示。

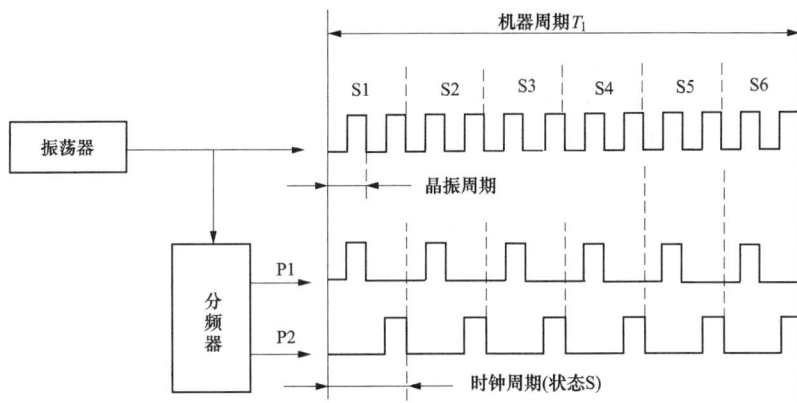

图 2-7　MCS-51 系列单片机的时钟信号和定时单位

1. 拍节

振荡脉冲的周期（晶振周期）定义为拍节，用 P 表示。

2. 状态

振荡脉冲经过 2 分频后的信号，称为单片机的时钟信号。把时钟信号的周期定义为状态，用 S 表示。由图 2-7 可知，一个状态周期包含两个拍节（前半周期 P1 和后半周期 P2）。

3. 机器周期

一个机器周期的宽度为 6 个状态周期，12 个拍节。

4. 指令周期

执行一条指令所需要的时间，称为指令周期。指令周期以机器周期的数目来表示，如单周期指令、双周期指令等。

【例 2-1】 若单片机的晶振频率 f_{osc} 为 6MHz，试问状态周期和机器周期是多少？

解： 首先计算晶振周期 $\qquad T_2 = \dfrac{1}{f_{osc}} = \dfrac{1}{6} = \dfrac{1}{6}(\mu s)$

则状态周期 $\qquad\qquad\qquad T_3 = 2T_2 = 2 \times \dfrac{1}{6} = \dfrac{1}{3}(\mu s)$

机器周期 $\qquad\qquad\qquad T_1 = 6T_3 = 6 \times \dfrac{1}{3} = 2(\mu s)$

2.4 MCS-51 系列单片机并行接口结构

2.4.1 并行接口的功能

MCS-51 系列单片机有 4 个 8 位并行 I/O 接口，每个接口都可按字节或按位进行输入、输出。下面以 80C51 单片机为例介绍各接口功能。

（1）P0 接口有两个功能：一是作为通用数据 I/O 接口使用，二是作为地址/数据总线使用。P0 接口提供低 8 位地址。

（2）P1 接口是一般的 I/O 接口，只能作为通用数据 I/O 接口。

（3）P2 接口有两个功能：一是作为通用数据 I/O 接口使用，二是作为高 8 位地址总线使用。与 P0 接口的低 8 位地址线一起形成 16 位地址总线。

（4）P3 接口是一个具有第二功能的接口。第一功能是通用数据 I/O 接口，第二功能的各引脚含义 [图 2-2（a）] 如下：

1）P3.0：RXD（串行接口输入）。

2）P3.1：TXD（串行接口输出）。

3）P3.2：$\overline{INT0}$（外部中断 0 申请输入）。

4）P3.3：$\overline{INT1}$（外部中断 1 申请输入）。

5）P3.4：T0（定时器 0 的计数输入）。

6）P3.5：T1（定时器 1 的计数输入）。

7）P3.6：$\overline{WR}$（片外数据存储器"写"选通控制输出）。

8）P3.7：$\overline{RD}$（片外数据存储器"读"选通控制输出）。

2.4.2 并行接口结构与操作

1. P0 接口的结构和应用

P0 接口结构如图 2-8 所示。它由输出锁存器、2 个三态输入缓冲器、1 个多路开关 MUX 和场效应管 VT1、VT2 组成的输出驱动电路构成。

P0 接口具有高电平、低电平和高阻抗三种状态。

（1）P0 接口作通用数据 I/O 接口。在这种情况下，单片机内部硬件电路自动使控制端 C 为 0，多路开关 MUX 接向锁存器的反相输出端 $\overline{Q}$。另外，与门输出的"0"使输出驱动电路的场效应管 VT1 截止（VT1 起上拉作用）。因此，VT2 输出工作在漏极开路方式，需外接上拉电阻。

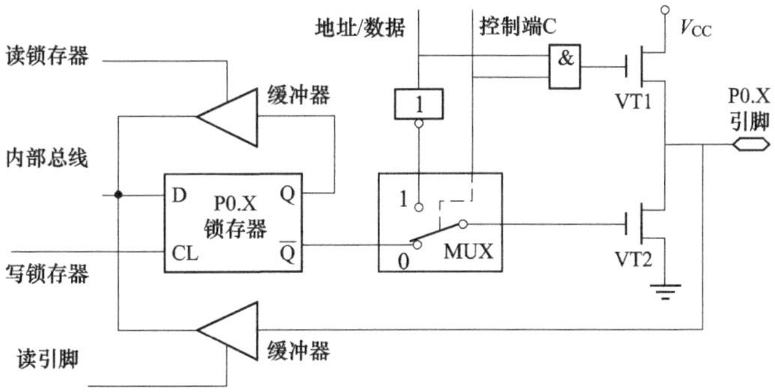

图 2-8　P0 接口结构

作输入接口时，根据指令的不同，可以读锁存器 Q 端的数据（读锁存器），也可读引脚上的数据（读引脚）。在执行指令时，究竟是"读锁存器"还是"读引脚"信号，CPU 内部会自行判断。

作输出接口时，CPU 执行口的输出指令，内部数据总线上的数据在"写锁存器"信号的作用下由 D 端进入锁存器，经锁存器的反向端送至场效应管 VT2。经 VT2 反向后，在P0.X 引脚输出。

执行"读—修改—写"类输入指令（如 ORL　P0，A）时，内部产生的"读锁存器"操作信号使锁存器 Q 端数据进入内部数据总线，在与累加器 A 进行逻辑运算后，结果又送回 P0 接口的锁存器并出现在引脚。读锁存器可避免因外部电路原因使接口引脚的状态发生变化造成的误读。

在执行"MOV"类输入指令（如 MOV　A，P0）时，内部产生的操作信号是"读引脚"信号。注意：在执行该类输入指令前要先把锁存器写入"1"，使场效应管 VT2 截止，使引脚处于悬浮状态，可作为高阻抗输入。否则，在作为输入方式之前曾向锁存器输出过"0"，则 VT2 导通会使引脚钳位在"0"电平，使输入高电平"1"无法读入。所以，P0 接口在作为通用 I/O 接口时，属于准双向口。

（2）P0 接口作地址/数据总线。当系统进行片外的 ROM 扩展或进行片外 RAM 扩展时，P0 接口用作地址/数据总线。

在这种情况下，单片机内部硬件电路自动使控制端 C 为 1，多路开关 MUX 接向反相器的输出端，这时与门的输出由地址/数据线的状态决定。

CPU 在执行输出指令（如 MOV　P0，A）时，低 8 位地址信息和数据信息分时出现在地址/数据总线上。P0.X 引脚的状态与地址/数据线的信息相同。

CPU 在执行输入指令（如 MOV　A，P0）时，首先低 8 位地址信息出现在地址/数据总线上，P0.X 引脚的状态与地址/数据总线的地址信息相同。然后，CPU 自动地使多路开关 MUX 拨向锁存器，并向 P0 接口写入 0FFH（MOV　P0，#0FFH），同时"读引脚"信号有效，数据经缓冲器进入内部数据总线。

P0 接口作为地址/数据总线使用时是一个真正的双向口。

2. P1 接口的结构和应用

P1 接口结构如图 2-9 所示。它由输出锁存器、2 个三态输入缓冲器和场效应管 VT 组成的输出驱动电路构成。

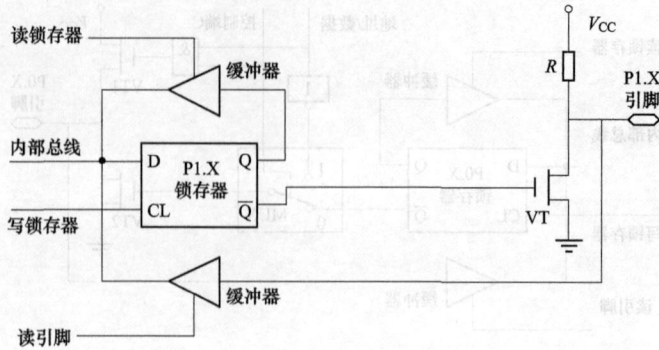

图 2-9　P1 接口结构

P1 接口是通用的准双向 I/O 接口。由于场效应管 VT 的漏极接有上拉电阻 R，没有高阻抗输入状态，所以称为准双向口。当输出高电平时，它能向外提供拉电流负载，不必再接上拉电阻。当作输入接口时，须向接口锁存器写入"1"。其原理与 P0 接口相同。

3. P2 接口的结构和应用

P2 接口结构如图 2-10 所示。它由输出锁存器、2 个三态输入缓冲器、1 个多路开关和场效应管 VT 组成的输出驱动电路构成。

当控制端 C 为 0 时，开关状态如图 2-10 所示，此时拨向锁存器的 Q 端；当控制端 C 为 1 时，开关拨向地址线位置。输出驱动电路没有上拉电阻。

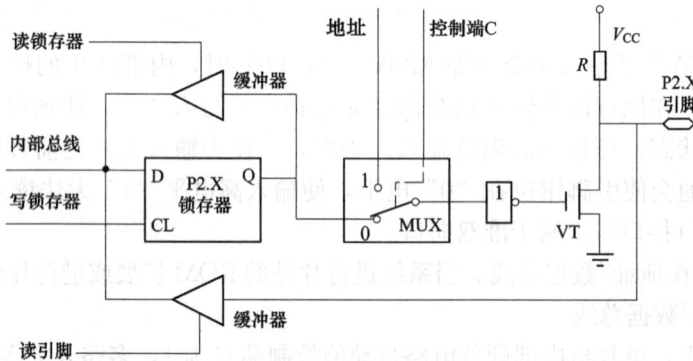

图 2-10　P2 接口结构

（1）P2 接口作通用数据 I/O 接口。P2 接口用作输出接口时，内部数据总线的数据在"写锁存器"信号的作用下由 D 端进入锁存器，经 MUX 开关和反相器后送至场效应管 VT，再经 VT 反相，在 P2.X 引脚输出数据正好与内部总线上的数据相同。

P2 接口用作输入接口时，数据可读自接口的锁存器，也可读自接口的引脚。这要根据输入操作采用的是"读锁存器"指令还是"读引脚"指令来决定。其原理与 P0 接口相同。

P2 接口在作为通用 I/O 接口时，属于准双向接口。

（2）P2 接口作高 8 位地址总线。当需要在单片机芯片外部扩展程序存储器或扩展的数据存储器 RAM 容量超过 256B 时，P2 接口就用作高 8 位地址线，与 P0 接口输出的低 8 位地址一起构成 16 位地址总线。在执行访问片外存储器指令时，单片机内部硬件电路自动使控制端 C 为 1，MUX 开关接向地址线，这时 P2.X 引脚的状态正好与地址线的信息相同。

4. P3 接口的结构和应用

P3 接口结构如图 2-11 所示。它由输出锁存器、3 个三态输入缓冲器和场效应管 VT 组成的输出驱动电路构成。

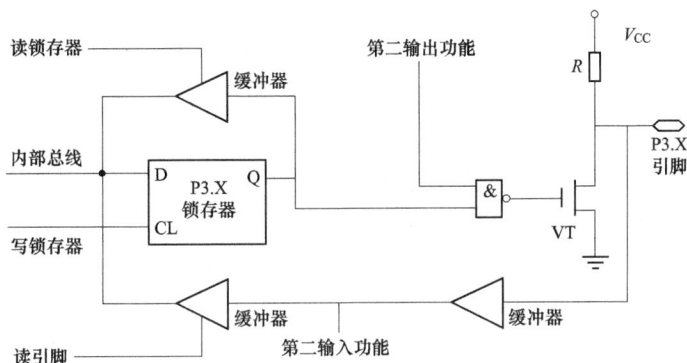

图 2-11　P3 接口结构

（1）P3 接口用作第一功能（通用数据 I/O 接口）。对 P3 接口进行字节或位寻址时，单片机内部的硬件自动将第二功能输出线置"1"。这时，对应的接口线为通用 I/O 接口方式。

P3 接口用作输出接口时，锁存器的状态（Q 端）与输出引脚的状态相同。

P3 接口用作输入接口时，要先向接口锁存器写入 1，使引脚处于高阻输入状态，输入的数据在"读引脚"信号的作用下，进入内部数据总线。

P3 接口作为通用 I/O 接口时，属于准双向接口。

（2）P3 接口用作第二功能。当 CPU 不对 P3 接口进行字节或位寻址时，内部硬件电路自动将接口锁存器的 Q 端置"1"。这时，P3 接口作为第二功能使用。

2.4.3　并行接口的负载能力

P0、P1、P2、P3 接口的电平与 CMOS 和 TTL 电平兼容。

P0 接口的每一位可驱动 8 个 LSTTL 负载。它在作为通用 I/O 接口时，由于输出驱动电路是开漏方式，由集电极开路（OC 门）电路或漏极开路电路驱动时需外接上拉电阻；当作为地址/数据总线使用时，输出不是开漏的，无须外接上拉电阻。

P1、P2、P3 接口的每一位能驱动 4 个 LSTTL 负载。它们的输出驱动电路设有内部上拉电阻，所以可方便地由集电极开路（OC 门）电路或漏极开路电路驱动，而无须外接上拉电阻。

由于单片机接口线仅能提供几毫安的电流，当作为输出驱动一般晶体管的基极时，应在接口与晶体管的基极之间串接限流电阻。

系统复位后，四个接口的锁存器全是"1"状态。

本 章 小 结

（1）单片机内部的核心部件是 CPU，它由运算器和控制器构成。在 80C51 单片机内部有 4KB 的 ROM、128B 的 RAM、21 个 SFR、2 个 16 位定时/计数器、5 个中断源、2 个优先级、4 个并行 I/O 接口、1 个全双工的串行接口。

（2）单片机有内部时钟电路和外部时钟电路两种时钟电路，时序定时单位由小到大依次表示为拍节、状态、机器周期和指令周期。晶振周期是单片机的最小时间单位。

（3）单片机常用的两种复位电路是上电复位电路和按键复位电路。单片机复位后的状态：PC=0000H，片内 RAM 为随机值，P0～P3=FFH；SP=07H；IP、IE 和 PCON 的有效位为 0，各中断源处于低优先级且均被关断，串行通信的波特率不加倍；PSW=00H，当前工作寄存器为 0 组。

（4）单片机存储器可分为片内程序存储器、片外程序存储器、片内数据存储器、特殊功能寄存器、片外数据存储器五类。其地址空间可分为三个：

1）片内外统一编址的 64KB 的程序存储器地址空间（用 16 位地址）。

2）片内数据存储器与特殊功能寄存器统一编址的 256B 内部数据存储器地址空间（用 8 位地址）。

3）64KB 片外数据存储器地址空间（用 16 位地址）。

（5）单片机的 4 个并行 I/O 接口（P0、P1、P2、P3 接口）均由锁存器、输出驱动器和输入缓冲器组成。

思考与练习题

一、判断题

1. MCS-51 系列单片机是高档 16 位单片机。　　　　　　　　　　　　　　（　　）

2. MCS-51 系列单片机 8051 与 8031 的区别是 8031 片内无 ROM。　　　　（　　）

3. 单片机的 CPU 从功能上可分为运算器和存储器。　　　　　　　　　　（　　）

4. 80C51 单片机的累加器 ACC 是一个 8 位寄存器，简称为 A，用来存一个操作数或中间结果。　　　　　　　　　　　　　　　　　　　　　　　　　　　　　　　（　　）

5. 8051 单片机的 PSW 是一个 8 位的专用寄存器，用于存放程序运行中的各种状态信息。　　　　　　　　　　　　　　　　　　　　　　　　　　　　　　　　　　（　　）

6. MCS-51 系列单片机的程序存储器用于存放运算中间结果。　　　　　　（　　）

7. MCS-51 系列单片机的数据存储器在物理上和逻辑上都分为两个地址空间：一个是片内 256B 的 RAM，另一个是片外最大可扩充 64KB 的 RAM。　　　　　　　（　　）

8. 单片机的复位有上电自动复位和按钮手动复位两种，当单片机运行出错或进入死循环时，可按复位键重新启动。　　　　　　　　　　　　　　　　　　　　　　（　　）

9. 单片机的指令周期是执行一条指令所需要的时间，一般由若干个机器周期组成。　　　　　　　　　　　　　　　　　　　　　　　　　　　　　　　　　　　　（　　）

10. MCS-51 系列单片机上电复位后，片内数据存储器的内容均为 00H。　（　　）

二、单项选择题

1. 单片机中的 PC 用来　　　　　　　。

　　A. 存放指令　　　　　　　　　B. 存放正在执行的指令地址

　　C. 存放下一条指令地址　　　　D. 存放上一条指令地址

2. 单片机上电复位后，PC 的内容和 SP 的内容为_____。

    A. 0000H，00H   B. 0000H，07H   C. 0003H，07H   D. 0800H，08H

3. 80C31 单片机的 $\overline{\text{EA}}$ 引脚_____。

    A. 必须接地   B. 必须接+5V

    C. 可悬空   D. 以上三种视需要而定

4. 访问外部存储器或其他接口芯片时，作数据线和低 8 位地址线的是_____。

    A. P0 接口   B. P1 接口   C. P2 接口   D. P0 接口和 P2 接口

5. PSW 中的 RS1 和 RS0 用来_____。

    A. 选择工作寄存器区号   B. 指示复位

    C. 选择定时器   D. 选择工作方式

6. 单片机上电复位后，堆栈区的最大允许范围是_____个单元。

    A. 64   B. 120   C. 128   D. 256

7. 若 80C51 单片机晶振频率为 $f_{\text{osc}}=12\text{MHz}$，则一个机器周期等于 _____μs。

    A. 1/12   B. 1/2   C. 1   D. 2

8. MCS-51 系列单片机的 DPTR 是一个 16 位的专用地址指针寄存器，主要用来_____。

    A. 存放指令   B. 存放 16 位地址，作间址寄存器使用

    C. 存放下一条指令地址   D. 存放上一条指令地址

9. ALU 表示_____。

    A. 累加器   B. 程序状态字寄存器

    C. 计数器   D. 算术逻辑部件

10. 8051 单片机的 XTAL1 和 XTAL2 引脚是_____引脚。

    A. 外接定时器   B. 外接串行接口   C. 外接中断   D. 外接晶振

三、问答题

1. 什么是机器周期？一个机器周期的时序是如何来划分的？如果采用 12MHz 晶振，一个机器周期为多长时间？

2. 程序存储器的空间里，有 5 个单元是特殊的，这 5 个单元对应 MCS-51 系列单片机 5 个中断源的中断入口地址，请写出这些单元的地址及对应的中断源。

3. 内部 RAM 中，哪些单元可作为工作寄存器区，哪些单元可进行位寻址？写出其地址范围。

4. 80C51 单片机复位后的状态如何？复位方法有几种？

5. 80C51 单片机的片内、片外程序存储器如何选择？

6. 80C51 单片机的片内、片外数据存储器如何选择？

7. 80C51 单片机的当前工作寄存器组如何选择？

8. 80C51 单片机的程序存储器低端的几个特殊单元的用途如何？

9. 位地址 7CH 与字节地址 7CH 有何区别？位地址 7CH 具体在片内 RAM 中何位置？

10. 80C51 单片机的 P0 接口～P3 接口在结构上有何不同？在使用上有何特点？

第3章 MCS-51 系列单片机的指令系统

3.1 指令格式与常用符号

指令是 CPU 按照人们的意图完成某种操作的命令。一台计算机所能执行的全部指令的集合称为该种计算机的指令系统。MCS-51 系列单片机的指令系统采用汇编语言，共 111 条指令。该语言具有执行时间短、指令编码字节少、功能强等特点，除具有基本的加、减、乘、除指令外，还有丰富的条件转移指令和位操作指令。

3.1.1 汇编语言的指令格式

汇编语言指令的一般格式为：

［标号:］操作码助记符　［目的操作数］［, 源操作数］［;注释］

指令的一般格式中使用了可选择符号"［　］"，包含的内容因指令的不同可以有或无。

1. 标号

标号是语句地址的标志符号，用于引导对该语句的非顺序访问。有关标号的规定为：

（1）由 1~8 个 ASCII 字符组成。第一个字符必须是字母，其余字符可以是字母、数字或其他特定字符。

（2）不能使用已经定义了的符号作为标号，如指令助记符、寄存器符号名称等。

（3）后边必须跟冒号":"。

2. 操作码助记符

操作码用于规定语句执行的操作。它是汇编语句中唯一不能空缺的部分。它由指令助记符表示。

3. 操作数

操作数用于给指令的操作提供数据或地址。在一条汇编语句中操作数可能是空缺的，也可能包括一项，还可能包括两项或三项。各操作数间以逗号分隔。操作数字段的内容可能包括工作寄存器名、特殊功能寄存器名、标号名、常数、符号"$"（程序计数器 PC 的当前值）、表达式等。

多数指令为两操作数指令；当指令操作数隐含在操作助记符中时，在形式上这种指令无操作数；另有一些指令为单操作数指令或三操作数指令。

在两个操作数的指令中，两个操作数用逗号隔开，通常目的操作数写在逗号左边，源操作数写在逗号右边，如：

```
ANL  A,#40H
```

其功能是将立即数"40H"同累加器 A 中的数进行"与"操作，结果送回累加器。

ANL 为"与"操作的助记符，立即数"40H"为源操作数，累加器 A 为目的操作数。

在指令中，多数情况下累加器用"A"表示，仅在直接寻址方式中，用"ACC"表示，累加器在 SFR 区的具体地址 E0H。

试比较，指令

```
MOV  A,＃30H
MOV  ACC,＃30H
```

两指令的机器码分别为 74H、30H 和 75H、E0H、30H。

4. 注释

注释只是对语句的说明。注释字段可增加程序的可读性，有助于编程人员的阅读和维护。注释字段必须以分号";"开头，长度不限，当一行书写不下时，可以换行接着书写，但换行时应注意要在开头使用分号";"。

3.1.2　机器指令编码格式

由于计算机只能识别"0"和"1"二进制代码，因此，我们所编写的汇编语言指令最终将用二进制编码（机器指令）表示。为书写方便，二进制编码常用十六进制来表示。

MCS-51 系列单片机机器语言指令根据其指令编码长度的不同分为单字节指令、双字节指令和三字节指令 3 种指令格式。

1. 单字节指令

（1）8 位编码仅为操作码，编码格式为：

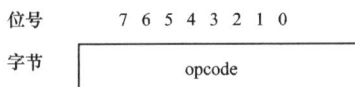

```
位号    7 6 5 4 3 2 1 0
字节   [      opcode      ]
```

格式中，opcode 表示操作码。

如 INC A。该指令的编码为 0000 0100B，其十六进制表示为 04H，累加器 A 隐含在操作码中。指令的功能是累加器 A 的内容加 1。

注意：在指令中用"A"表示累加器，而用"ACC"表示累加器对应的地址（E0H）。

（2）8 位编码含有操作码和寄存器编码，编码格式为：

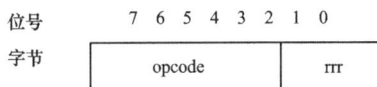

```
位号    7 6 5 4 3 2 1 0
字节   [  opcode  |  rrr  ]
```

格式中，rrr 表示寄存器编码。

高 5 位为操作码，低 3 位为存放操作数的寄存器编码。

如 MOV A,R0，编码为 1110 1000B，其十六进制表示为 E8H（低 3 位 000 为寄存器 R0 的编码）。指令的功能是将当前工作寄存器 R0 中的数据传送到累加器 A 中。

2. 双字节指令

双字节指令编码格式为：

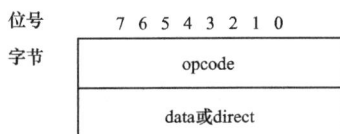

```
位号    7 6 5 4 3 2 1 0
字节   [      opcode      ]
       [   data或direct    ]
```

格式中，data 和 direct 表示操作数或其地址。

第一个字节表示操作码，第二个字节表示参与操作的数据或数据存放的地址。

如 MOV　A，#60H，编码为 0111 0100B，0110 0000B，其十六进制表示为 74H，60H。指令的功能是将立即数"60H"传送到累加器 A 中。

3. 三字节指令

三字节指令的编码格式为：

```
位号    7 6 5 4 3 2 1 0
字节
       ┌──────────────┐
       │   opcode     │
       ├──────────────┤
       │ data或direct │
       ├──────────────┤
       │ data或direct │
       └──────────────┘
```

指令的第一个字节表示该指令的操作码，后两个字节表示参与操作的数据或数据存放的地址。

如 MOV　30H，#60H，编码为 0111 0101B，0011 0000B，0110 0000B，其十六进制表示为 75H，30H，60H。指令的功能是将立即数"60H"传送到内部 RAM 的 30H 单元中。

3.1.3　指令中常用的符号及其意义

Rn(n=0～7)——当前选中的工作寄存器组中的寄存器 R0～R7 之一；

Ri(i=0，1)——当前选中的工作寄存器组中的寄存器 R0 或 R1；

@——间址寄存器前缀；

#data——8 位立即数；

#data16——16 位立即数；

direct——片内 RAM 低 128B 单元地址及 SFR 地址（可用符号名称表示）；

addr11——11 位目的地址；

addr16——16 位目的地址；

rel——补码形式表示的 8 位地址偏移量，值在−128～+127 范围内；

bit——片内 RAM 位地址、SFR 的位地址（可用符号名称表示）；

/——位操作数的取反操作前缀；

(×)——表示 × 地址单元或寄存器中的内容；

←——将箭头右边的内容送入箭头左边的单元中。

3.2　寻　址　方　式

所谓的寻址方式是指寻找操作数或指令地址的方式。由于大多数指令都需要操作数，而操作数往往均存储在存储器中，因此在使用操作数的过程中就存在一个寻找存储单元的问题。

MCS-51 系列单片机的寻址方式有七种，即寄存器寻址、直接寻址、寄存器间接寻址、立即寻址、变址寻址、相对寻址及位寻址，前 4 种寻址方式完成的是操作数的寻址，属于基本寻址方式；变址寻址实际上是间接寻址的推广；位寻址的实质是直接寻址；相对寻址是指令地址的寻址。它们的寻址空间见表 3-1。

对于两操作数指令，若不特别声明，我们后面提到的寻址方式均指源操作数的寻址方式。

表 3-1　　　　　　　　　　　　**七种寻址方式的寻址空间**

序号	寻址方式		寄存器或存储空间
1	基本方式	寄存器寻址	寄存器 R0~R7、A、AB、DPTR 和 C（布尔累加器）
2		直接寻址	片内 RAM 低 128B、SFR
3		寄存器间接寻址	片内 RAM（@R0，@R1，SP） 片外 RAM（@R0，@R1，@DPTR）
4		立即寻址	ROM
5	扩展方式	变址寻址	ROM（@A+DPTR，@A+PC）
6		相对寻址	ROM（PC 当前值的+127~−128B）
7		位寻址	可寻址位（内部 RAM 20H~2FH 单元的位和部分 SFR 的位）

3.2.1　立即寻址

指令编码中直接给出操作数的寻址方式称为立即寻址。在这种寻址方式中，紧跟在操作码之后的操作数称为立即数。立即数可以是一个字节，也可以是两个字节；可以是二进制数，也可以是十进制数或十六进制数，要用符号"#"来标识。由于立即数是一个常数，所以只能作为源操作数。

如：MOV　A,#60H

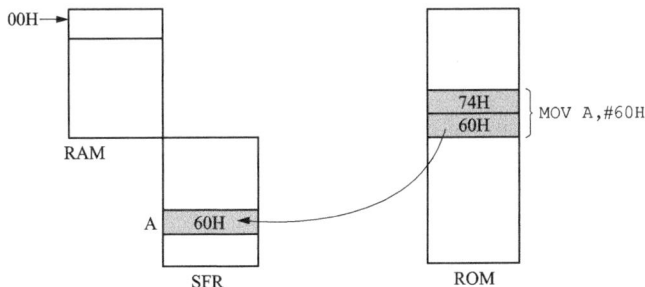

图 3-1　立即寻址指令执行示意图

操作数采用此寻址方式的指令，立即数"60H"直接出现在指令中。由图 3-1 可知，立即数作为指令的一部分存放在 ROM 中，读取操作码后，可立即从 ROM 中得到这个操作数，而不需再去别的寄存器或存储单元中寻找，故称为立即数。

指令功能：将立即数 60H 传送 A 中。

因数据在 ROM 中，因此立即寻址所对应的寻址空间为 ROM。

3.2.2　直接寻址

指令中直接给出操作数的地址，操作数本身存放在该地址指示的存储单元中的寻址方式称为直接寻址。直接寻址中的 SFR 经常采用符号形式表示。

如：MOV　A,60H

由图 3-2 可知，操作数在内部 RAM 60H 单元中，此时 60H 表示地址。

指令功能：将内部 RAM 地址为 60H 的单元内容送 A。

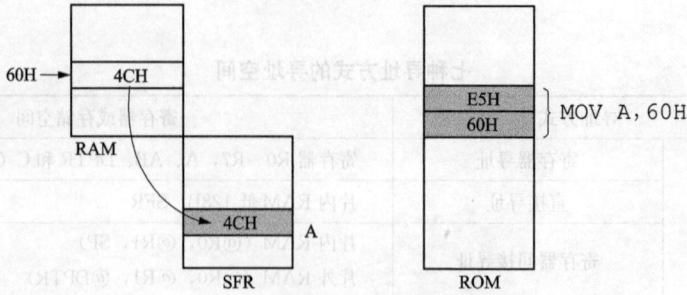

图 3-2　直接寻址指令执行示意图

寻址空间为片内 RAM 低 128B、SFR。

3.2.3　寄存器寻址

操作数存放在寄存器中，指令中直接给出该寄存器名称的寻址方式。利用寄存器寻址可获得较高的传送和运算速度。

如：MOV　A,R0

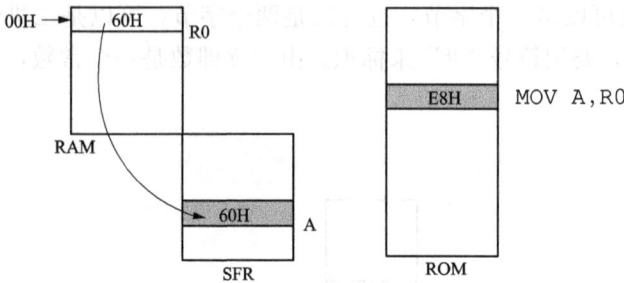

图 3-3　寄存器寻址指令执行示意图

由图 3-3 可知，寄存器 R0 与地址为 00H 的单元是同一个存储单元。如使用单元地址，则采用直接寻址；如使用寄存器名，则为寄存器寻址。

指令功能：将寄存器 R0 中的内容送 A 中。

比较：

```
MOV  A,R0
MOV  A,00H
```

这两条指令寻址方式不同。

这些寄存器包括 R0～R7、A、B（以 AB 寄存器对形式出现）、DPTR。

3.2.4　寄存器间接寻址

以寄存器中的内容为地址，从该地址去取操作数的寻址方式称为寄存器间接寻址。

例如，"一本书放在甲抽屉中，上了锁；其开锁的钥匙放在乙抽屉中，乙抽屉也上了锁。问如何才能取到那本书?"这就是一个间接寻址的问题，要经过两次寻址才能找到那本书。寄存器间接寻址也是一样。

如：

```
MOV  30H,#20H    ;书放在甲抽屉中
MOV  R0,#30H     ;甲抽屉的钥匙放在乙抽屉中
MOV  A,@R0       ;取书
```

该指令中，20H 就看作那本书，30H 就看作甲抽屉，R0 就看作乙抽屉，执行的结果就是将 20H 这个立即数装入 A 中。该指令运行期间经历了两次寻址，即间接寻址。如图 3-4 所示。

指令功能：寄存器 R0 的内容为操作数的存放地址，将该地址单元内容送 A。

片内 RAM 的数据传送采用"MOV"类指令，间接寻址寄存器采用寄存器 R0 或 R1

（堆栈操作时采用 SP）。

片外 RAM 的数据传送采用"MOVX"类指令，这时间接寻址寄存器有两种选择：一是采用 R0 和 R1 作间接寻址寄存器，这时 R0 或 R1 提供低 8 位地址（外部 RAM 多于 256B 采用页面方式访问时，可由 P2 接口未使用的 I/O 引脚提供高位地址）；二是采用 DPTR 作为间接寻址寄存器。

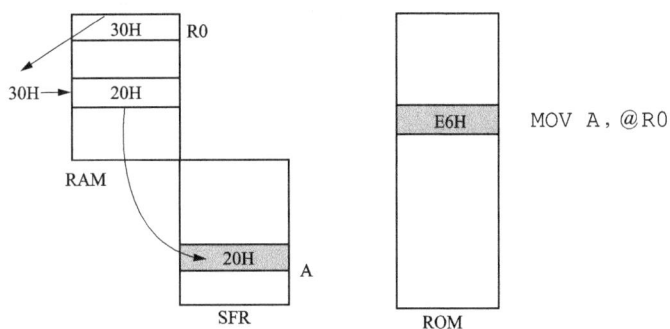

图 3-4　寄存器间接寻址指令执行示意图

寄存器间接寻址对应的空间为：

片内 RAM（采用@R0，@R1 或 SP）；

片外 RAM（采用@R0，@R1 或@DPTR）。

3.2.5　变址寻址

变址寻址是将指令中指定的变址寄存器的内容加上基址寄存器的内容形成操作数地址的寻址方式。在该寻址方式中，以 PC 或 DPTR 作为基址寄存器，用累加器 A 作为变址寄存器。

该寻址方式用于访问程序存储器。它只能用于读取，不能存放，主要应用于查表性质的访问。

如：MOVC　A，@A+DPTR

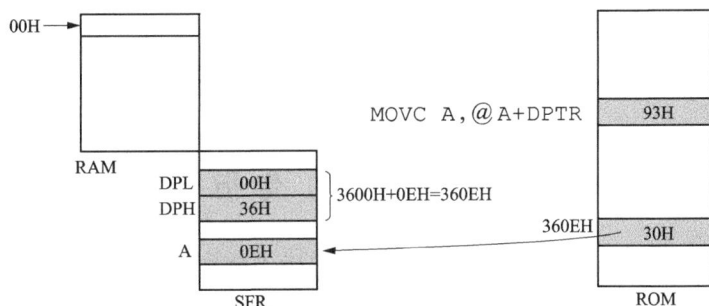

图 3-5　变址寻址指令执行示意图

指令功能：将 DPTR 和 A 中内容相加，所得结果为要寻找的操作数存放地址。由图 3-5 可知，"360EH"为要访问的单元，将这个单元内容送 A。

变址寻址所对应的寻址空间为 ROM。

3.2.6　相对寻址

相对寻址是以 PC 的当前值（指读出该 2 字节或 3 字节的跳转指令后，PC 指向的下条指令的地址）为基准，加上指令中给出的相对偏移量 rel 形成目标地址的寻址方式。

例如，"小李 20 岁，小张比小李大 3 岁，问小张多少岁？"这就是一个相对"寻"年龄的问题，而相对寻址与此类似。

偏移量 rel 是一个带符号的 8 位二进制数，取值范围是 $-128 \sim +127$，以补码形式置于操作码之后存放。

如：JC rel；rel＝70H

指令功能：将程序转移到 2072H 处，如图 3-6 所示。

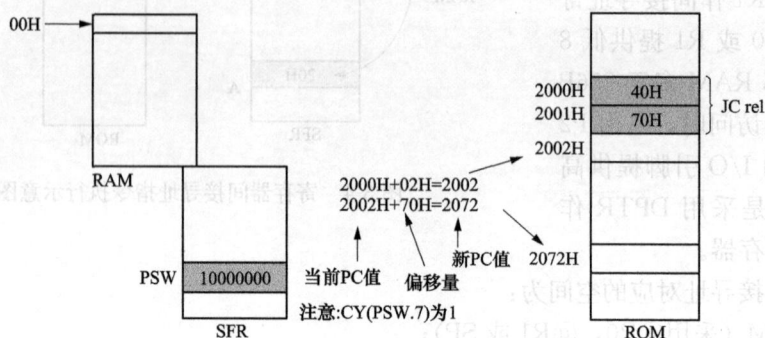

图 3-6　相对寻址指令执行示意图

3.2.7　位寻址

对位地址中的内容进行操作的寻址方式称为位寻址。采用位寻址指令的操作数是 8 位二进制数中的某一位。指令中给出的是位地址。位寻址方式实质属于位的直接寻址。

寻址空间为片内 RAM 的 20H～2FH 单元中的 128 可寻址位；SFR 的可寻址位。

习惯上，特殊功能寄存器的寻址位常用符号位地址表示。

如：CLR ACC.2

　　MOV 31H，C

指令功能：第一条指令是将累加器 A 的第 2 位清零，第二条指令是将位累加器 C 的内容送位地址 31H。

3.3　数据传送类指令

数据传送类指令是 MCS-51 系列单片机指令系统中使用最频繁的一类指令。它主要用于数据的保存和交换等场合，按操作方式可分为三种：数据传送（22 条）、数据交换（5 条）和栈操作（2 条）。数据传送又可分为内部数据存储器各部分之间的数据传送，内部数据存储器与累加器 A 之间的数据传送，程序存储器送数到累加器 A 的传送，这三类指令的助记符用 MOV、MOVX、MOVC 表示。

采用 MOV 助记符，称为一般传送指令。采用非 MOV 助记符，称为特殊传送指令，如MOVC、MOVX、PUSH、POP、XCH、XCHD 和 SWAP。

3.3.1　一般传送指令

1. 16 位传送指令

```
MOV DPTR,#data16    ; DPTR←data16
```

这条指令的功能是将源操作数 data16（通常是地址常数）送入目的操作数 DPTR 中。

因 DPTR 由 DPH、DPL 构成，因此 16 位数据的高 8 位送入 DPH 中，低 8 位送入 DPL 中。源操作数的寻址方式为立即寻址。

【例 3-1】　分析执行指令 MOV　DPTR，#0123H 后结果。

解： 结果为（DPH）=01H，（DPL）=23H。

2．8 位传送指令

8 位的数据传送属于字节传送，指令完成的任务是将源字节内容拷贝到目的字节，而源字节的内容不变，通用格式为：

```
MOV  <目的字节>，<源字节>；
```

这类指令不影响标志位，但当执行结果改变累加器 A 的值时，会使奇偶标志变化。

使用时需要注意以下两点：一是源字节与目的字节不能相同（除 direct 外），二是寄存器寻址与寄存器间接寻址间不相互传送。

（1）以 A 为目的指令。

```
MOV  A，Rn        ； A←(Rn)
MOV  A，direct    ； A←(derect)
MOV  A，#data     ； A←data
MOV  A，@Ri       ； A←((Ri))
```

这组指令的功能是把源字节送入累加器中。源字节的寻址方式分别为寄存器寻址、直接寻址、立即寻址和寄存器间接寻址四种基本寻址方式。

分析下面指令执行结果。

```
MOV  A，R0     ； 把寄存器 R0 中的数据传给 A，即 A←(R0)
MOV  A，30H    ； 把直接地址 30H 存储单元中的数据传给 A，即 A←(30H)
MOV  A，#30H   ； 把立即数 30H 传给 A，即 A←30H
MOV  A，@R1    ； 以 R1 中的内容为地址的存储单元中的内容传送给 A，
              ； 即 A←((R1))
```

【例 3-2】　分析若（R1）=30H，（30H）=66H，执行指令 MOV　A，@R1 后结果。

解： 结果为（A）=66H。

（2）以 Rn 为目的指令。

```
MOV  Rn，#data    ； Rn←data
MOV  Rn，A        ； Rn←(A)
MOV  Rn，direct   ； Rn←(direct)
```

这组指令的功能是把源字节送入寄存器 Rn 中。源字节的寻址方式分别为立即寻址、寄存器寻址和直接寻址。由于目的字节为工作寄存器，所以源字节不能是工作寄存器及其间接寻址方式寻址。

分析下面指令执行结果。

```
MOV  R6，#20H   ； 把立即数 20H 传给 R6，即 R6←20H
MOV  R1，A      ； 把 A 的内容传送给 R1，即 R1←(A)
MOV  R2，40H    ； 把 40H 单元的内容传给 R2，即 R2←(40H)
```

【例 3-3】 分析若（60H）=30H，执行指令 MOV R6,60H 后的结果。

解： 结果为（R6）=30H。

（3）以 direct 为目的指令。

```
MOV  direct,#data      ; direct←data
MOV  direct,A          ; direct←(A)
MOV  direct,Rn         ; direct←(Rn)
MOV  direct,direct1    ; direct←(direct1)
MOV  direct,@Ri        ; direct←((Ri))
```

这组指令的功能是把源字节送入 direct 中。源字节的寻址方式分别为立即寻址、寄存器寻址、直接寻址和寄存器间接寻址。

分析下面指令执行结果。

```
MOV  4FH,#30H    ; 把立即数 30H 传送内 RAM 4FH 单元
MOV  4FH,A       ; 把 A 中的内容传送 4FH 中
MOV  4FH,R0      ; 把工作寄存器 R0 中的内容传送 4FH 中
MOV  4FH,4EH     ; 将内部 RAM 中 4EH 单元的内容传送内 RAM 4FH 单元中
MOV  4FH,@R0     ; 把以 R0 中的内容为地址的存储单元的内容送入 4FH 中
```

【例 3-4】 分析若（R1）=60H，（60H）=28H，执行指令 MOV 60H,@R1 后的结果。

解： 结果为（60H）=28H。

（4）以@Ri 为目的指令。

```
MOV  @Ri,#data    ; (Ri)←data
MOV  @Ri,A        ; (Ri)←(A)
MOV  @Ri,direct   ; (Ri)←(direct)
```

这组指令的功能是把源字节送入 Ri 内容为地址的单元，源字节寻址方式为立即寻址、寄存器寻址和直接寻址。因为目的字节采用寄存器间接寻址，故源字节不能是寄存器及其间接寻址方式寻址。

【例 3-5】 分析若（R1）=40H,（A）=30H，执行指令 MOV @R1,A 后的结果。

解： 结果为（40H）=30H。

3.3.2 特殊传送指令

特殊传送指令的功能分别为 ROM 查表、读写片外 RAM、堆栈操作和交换指令。

1. ROM 查表指令

通常 ROM 中可存放两方面的内容：一是单片机执行的程序代码，二是一些固定不变的常数（如表格数据）。ROM 查表指令实际上指的是读 ROM 中的常数。MCS-51 系列单片机指令系统中有 2 条极为有用的查表指令，即

```
MOVC  A,@A+DPTR
MOVC  A,@A+PC
```

（1）DPTR 内容为基址。

```
MOVC  A,@A+DPTR    ; A←((A)+(DPTR))
```

该指令首先执行 16 位无符号数加法，将获得的基址与变址之和作为 16 位的程序存储器地址，然后将该地址单元的内容传送到累加器 A。指令执行后 DPTR 的内容不变。

该指令采用 DPTR 作为基址寄存器，它的寻址范围为整个程序存储器的 64KB 空间，所以表格可放在程序存储器的任何位置。其缺点是若 DPTR 已有它用，在表首地址之前必须保护现场，执行完查表后再执行恢复。

分析下面程序段的执行结果。

```
1000H              MOV   DPTR,#TABLE      ; 将表首地址送 DPTR
1003H              MOVC  A,@A+DPTR         ; 查表
1004H              MOV   40H,A             ; 存结果
1006H              SJMP  $
1100H   TABLE: DB  00H,02H,04H,06H
```

此程序段是根据 A 中内容找出程序中定义的某个常数。如当（A）＝2 时，查得 04H。

（2）PC 内容为基址。

```
MOVC  A,@A+ PC  ; A←((A)+(PC))
```

取出该单字节指令后 PC 的内容增 1，以增 1 后的当前值去执行 16 位无符号数加法，将获得的基址与变址之和作为 16 位的程序存储器地址，然后将该地址单元的内容传送到累加器 A。指令执行后 PC 的内容不变。

该指令由 PC 作为基址寄存器，它虽然提供 16 位地址，但其基址值是固定的，A＋PC 中的 PC 是程序计数器的当前内容（查表指令的地址加 1），所以它的查表范围是查表指令后 256B 的地址空间。

分析下面程序段的执行结果。

```
1000H              MOV   A,#06H           ; 修改 A 中内容
1003H              MOVC  A,@A+ PC          ; 查表
1004H              MOV   40H,A             ; 存结果
1006H              SJMP  $
1008H   TABLE: DB  00H,02H,04H,06H
```

此程序段采用了 PC 内容为基址的指令。由于 PC 的当前值为"MOV　40H,A"指令第一字节的地址（1004H），当 A 中内容为 00H 时，A＋PC 也就指向该指令，而不是所需要的常数"04H"，因此，需要对 A 中内容修正。这时要考虑表首地址与 MOVC 指令之间的距离。

2. 读写片外 RAM

单片机访问片外 RAM 的操作可分为读和写两大类。在 MCS-51 系列单片机中，读和写片外 RAM 均采用 MOVX 指令，虽然传送的方向不同，但均须经过累加器完成。

（1）读片外 RAM。

```
MOVX  A,@DPTR   ; A←((DPTR))
MOVX  A,@Ri     ; A←((Ri))
```

第一条指令以 16 位 DPTR 为间址寄存器读片外 RAM，可寻址整个 64KB 的片外 RAM

空间。指令执行时，在 DPH 中的高 8 位地址由 P2 接口输出，在 DPL 中的低 8 位地址由 P0 接口分时输出，并由 ALE 信号锁存在地址锁存器中。

第二条指令以 R0 或 R1 为间接寻址寄存器，也可读整个 64KB 的片外 RAM 空间。指令执行时，低 8 位地址在 R0 或 R1 中由 P0 接口分时输出，ALE 信号将地址信息锁存在地址锁存器中。多于 256B 的访问，高位地址由 P2 接口提供。

读片外 RAM 的 MOVX 操作，使 P3.7 引脚输出的 $\overline{RD}$ 信号选通片外 RAM 单元，相应单元的数据从 P0 接口读入累加器中。

（2）写片外 RAM。

```
MOVX    @DPTR,A  ; (DPTR)←(A)
MOVX    @Ri,A    ; (Ri)←(A)
```

第一条指令以 16 位 DPTR 为间接寻址寄存器写外部 RAM，可寻址整个 64KB 的片外 RAM 空间。指令执行时，在 DPH 中高 8 位地址由 P2 接口输出，在 DPL 中的低 8 位地址，由 P0 接口分时输出，并由 ALE 信号锁存在地址锁存器中。

第二条指令以 R0 或 R1 为间接寻址寄存器，也可写整个 64KB 的片外 RAM 空间。指令执行时，低 8 位地址在 R0 或 R1 中由 P0 接口分时输出，ALE 信号将地址信息锁存在地址锁存器中。多于 256B 的访问，高位地址由 P2 接口提供。

写片外 RAM 的"MOVX"操作，使 P3.6 引脚的 $\overline{WR}$ 信号有效，累加器 A 的内容从 P0 接口输出，并写入选通的相应片外 RAM 单元。

【例 3-6】 试把外部 RAM 1000H 单元的内容读入累加器 A 中，设片外 RAM（1000H）= 60H。

解：
```
MOV  DPTR,#1000H    ; DPTR←1000H
MOVX A,@DPTR        ; A←((DPTR)),(A)=60H
```

3. 堆栈操作

堆栈是在内部 RAM 中按"后进先出"的规则组织的一片存储区。此区的一端固定，称为栈底；另一端是活动的，称为栈顶。栈顶的位置（地址）由栈指针 SP 指示（即 SP 的内容是栈顶的地址）。

在 80C51 单片机中，堆栈的生长方向是向上的（地址增大）。

系统复位时，SP 的内容为 07H。通常用户应在系统初始化时对 SP 重新设置。SP 的值越小，堆栈的深度越深。

堆栈操作指令：

```
PUSH   direct ; SP←(SP)+1,(SP)←(direct)
POP    direct ; direct←((SP)),SP←(SP)-1
```

【例 3-7】 若（SP）= 07H,（30H）= 66H，分析执行指令 PUSH 30H 后的结果。

解： 结果为（SP）= 08H,（08H）= 66H。

【例 3-8】 分析下面程序段执行后的结果。

```
PUSH ACC
```

```
    PUSH    B
    POP     ACC
    POP     B
```

解： 结果为完成 A 和 B 中内容互换。

4. 交换指令

对于单一的 MOV 类指令，传送通常是单向的，即数据是从一处（源）到另一处（目的）的拷贝。而交换类指令完成的传送是双向的，是两字节间或两半字节间的双向交换。

（1）字节交换。

```
    XCH   A,Rn     ；(A)←→(Rn)
    XCH   A,@Ri    ；(A)←→((Ri))
    XCH   A,direct ；(A)←→(direct)
```

这组指令的功能是将 A 的内容与源字节中的内容互换。

【例 3-9】 分析若 (R0)=80H，(A)=20H，执行指令 XCH　A,R0 后的结果。

解： 结果为 (A)=80H，(R0)=20H。

【例 3-10】 设 (R0)=20H，(A)=3FH，(20H)=74H，分析执行指令 XCH A,@R0 后的结果。

解： 结果为 (A)=74H，(20H)=3FH。

执行程序后，实现了累加器 A 和内部数据 RAM 中的 20H 单元内容互换。

（2）半字节交换。

1）XCHD   A,@Ri   ；$(A_{3\sim0})$←→$((Ri)_{3\sim0})$，高四位不变。

这一指令的功能是将累加器 A 中内容的低四位与 Ri 所指的片内 RAM 单元中的低四位互换，但它们的高四位均不变。

【例 3-11】 若 (R0)=30H，(30H)=67H，(A)=20H，分析执行指令 XCHD　A,@R0 指令后的结果。

解： 结果为 (A)=27H，(30H)=60H。

2）SWAP   A   ；$(A_{7\sim4})$←→$(A_{3\sim0})$

这一指令的功能是把累加器 A 中的内容的高、低四位互相交换。

【例 3-12】 分析若 (A)=30H，执行指令 SWAP　A 后的结果。

解： 结果为 (A)=03H。

【例 3-13】 如果要使内 RAM 60H 单元与 80H 单元中的内容互换，该怎样编制程序？

解： a. 用交换类指令。

```
    XCH    A,60H     ；A←(60H)
    XCH    A,80H     ；A←(80H)
    XCH    A,60H     ；A←(60H)
```

b. 用堆栈操作指令。

```
    PUSH    60H
```

```
MOV    60H,80H
POP    80H
```

c. 用传送指令。

```
MOV    A,60H
MOV    60H,80H
MOV    80H,A
```

3.4 算术运算类指令

算术运算类指令可完成加、减、乘、除、加 1 和减 1 等运算。这类指令多数以 A 为源操作数之一，同时又使 A 为目的操作数。

除增量减量指令外，这类指令都影响 PSW 中的进位（借位）标志 CY、溢出标志 OV、辅助进位 AC 和 P 等。算术运算类指令对各标志位的影响，见表 3-2。

表 3-2　　　　　　　　　　算术运算类指令对标志位的影响

指令 标志	ADD	ADDC	SUBB	DA	MUL	DIV
CY	√	√	√	√	0	0
AC	√	√	√	√	×	×
OV	√	√	√	×	√	√
P	√	√	√	√	√	√

注　符号√表示相应的指令操作影响标志；符号 0 表示相应的指令操作对该标志清 0；符号×表示相应的指令操作不影响标志。另外，累加器加 1（INC A）和减 1（DEC A）指令影响 P 标志。

3.4.1 加法指令

1. 不带进位的加法指令

```
ADD  A,#data ; A←(A)+data
ADD  A,direct ; A←(A)+(direct)
ADD  A,@Ri   ; A←(A)+((Ri))
ADD  A,Rn    ; A←(A)+(Rn)
```

这组指令的功能是把源操作数与累加器的内容相加再送入累加器中。影响 PSW 中的 CY、AC、OV 和 P 的内容。

CY：和的 D7 位有进位时，(CY)=1；否则，(CY)=0。

AC：和的 D3 位有进位时，(AC)=1；否则，(AC)=0。

OV：和的 D7、D6 位只有一个有进位时，(OV)=1；溢出表示运算的结果超出了数值所允许的范围。如两个正数相加结果为负数或两个负数相加结果为正数时属于错误结果，此时 (OV)=1。

P：累加器 ACC 中"1"的个数为奇数时，(P)=1；为偶数时，(P)=0。

【**例 3-14**】 分析若（A）=84H，（30H）=8DH，执行指令 ADD　A，30H 之后的结果。

解：

```
        (A)：    1 0 0 0  0 1 0 0
      +(30H)：   1 0 0 0  1 1 0 1
        进位：    1    1  1
        结果：    0 0 0 1  0 0 0 1
```

所以，（A）=11H，（CY）=1，（AC）=1，（OV）=1（D7 有进位，D6 无进位），（P）=0。

2. 带进位的加法指令

```
ADDC  A,#data    ; A←(A)+data+ (CY)
ADDC  A,direct   ; A←(A)+(direct)+(CY)
ADDC  A,@Ri      ; A←(A)+((Ri))+(CY)
ADDC  A,Rn       ; A←(A)+(Rn)+(CY)
```

这组指令的功能是把源操作数与累加器 A 的内容相加再与进位标志 CY 的值相加，结果送入目的操作数 A 中。影响 PSW 中的 CY、AC、OV 和 P 的内容。

注意：加的进位标志 CY 的值是在该指令执行之前已经存在的进位标志的值，而不是执行该指令过程中产生的进位。

【**例 3-15**】 已知（A）=0AAH，（R0）=57H，（57H）=23H，CY=1，分析执行指令ADDC　A，@R0 后的结果。

解：

```
        (A)：    1 0 1 0  1 0 1 0
      +                        1
                1 0 1 0  1 0 1 1
      +(30H)：   0 0 1 0  0 0 1 1
        进位：    1       1 1
        结果：    1 1 0 0  1 1 1 0
```

所以，（A）=0CEH，（CY）=0，（AC）=0，（OV）=0（D7、D6 均无进位），（P）=1。

3. 增 1 指令

```
INC  A        ; A←(A)+1
INC  Rn       ; Rn←(Rn)+1
INC  @Ri      ; (Ri)←((Ri))+1
INC  direct   ; direct←(direct)+1
INC  DPTR     ; DPTR←(DPTR)+1
```

这组指令的功能是把源操作数的内容加"1"，结果再送回原单元。这组指令中仅 INC A 影响 P 标志，其余指令都不影响标志位的状态。

4. 十进制调整指令

```
DA  A
```

该指令又称 BCD 码调整指令，只影响 CY，AC 两个状态。它主要是对加法运算结果进行 BCD 码调整。在 BCD 码运算过程中，有可能出现非法状态（1010～1111）。如十进制数 7+6，结果为 13，用 BCD 码表示为 0001 0011B（13H），但用加法指令进行计算时，还按二进制运算法进行计算，就是 0111+0110，结果为 1101B（0DH），出现错误（非法状态）。如何对运算结果进行调整？

调整的方法是：

（1）当累加器 A 中的低 4 位数出现了非 BCD 码（1010～1111）或低 4 位产生进位（AC＝1），则应在低 4 位加 6 调整，以产生低 4 位正确的 BCD 结果。

（2）当累加器 A 中的高 4 位数出现了非 BCD 码（1010～1111）或高 4 位产生进位（CY＝1），则应在高 4 位加 6 调整，以产生高 4 位正确的 BCD 结果。

十进制调整指令执行后，PSW 中的 CY 表示结果的百位值。

【例 3-16】 若（A）＝0101 0110B，表示的 BCD 码为 56H，（R3）＝0110 0111B，表示的 BCD 码为 67H，（CY）＝0，（AC）＝0。分析执行以下指令的结果。

```
ADD   A,R2
DA    A
```

解：（A）＝0010 0011B，且（CY）＝1，（AC）＝1，即

$$
\begin{array}{lr}
(A): & 0101\ 0110 \\
+(R3): & 0110\ 0111 \\
\hline
 & 1011\ 1101 \\
调整: & 0110\ 0110 \\
\hline
结果:(1) & 0010\ 0011
\end{array}
$$

结果为 BCD 数 123。

应该注意，DA 指令不能对减法进行十进制调整。

3.4.2 减法指令

1. 带借位的减法指令

```
SUBB  A,#data    ; A←(A)−(data)−(CY)
SUBB  A,Rn       ; A←(A)−(Rn)−(CY)
SUBB  A,direct   ; A←(A)−(direct)−(CY)
SUBB  A,@Ri      ; A←(A)−((Ri))−(CY)
```

这组指令的功能是把累加器 A 的内容减去指令指定的单元内容，结果再送入到目的操作数 A 中。影响 PSW 中的 CY、AC、OV 和 P 的内容。

CY：差的位 7 需借位时，（CY）＝1；否则，（CY）＝0。

AC：差的位 3 需借位时，（AC）＝1；否则，（AC）＝0。

OV：若位 6 有借位而位 7 无借位或位 7 有借位而位 6 无借位时，（OV）＝1。

如要用此组指令完成不带借位减法，只需先清 CY 为 0。

【例 3-17】 若（A）＝0C9H，（R2）＝54H，（CY）＝1，执行指令 SUBB A,R2 之后的结果。

解： 由于

$$
\begin{array}{rl}
\text{(A):} & 1100\ 1001 \\
-\ \text{(CY):} & \qquad\qquad 1 \\
\hline
& 1100\ 1000 \\
-\ \text{(R2):} & 0101\ 0100 \\
\hline
\text{结果：} & 0111\ 0100
\end{array}
$$

所以，（A）＝74H，（CY）＝0，（AC）＝1，（OV）＝1（位 6 有借位，位 7 无借位），（P）＝0。

2. 减 1 指令

```
DEC  A        ; A←(A)－1
DEC  Rn       ; Rn←(Rn)－1
DEC  direct   ; direct←(direct)－1
DEC  @Ri      ; (Ri)←((Ri))－1
```

这组指令的功能是把操作数的内容减"1"，结果再送回原单元。这组指令仅 DEC　A 影响 P 标志，其余指令都不影响标志位的状态。

3.4.3　乘法指令

```
MUL  AB    ; 累加器 A 与寄存器 B 相乘
```

该指令的功能是将累加器 A 与寄存器 B 中的无符号 8 位二进制数相乘，乘积的低 8 位存入累加器 A 中，高 8 位存放在寄存器 B 中。

当乘积大于 0FFH 时，溢出标志位（OV）＝1，而标志 CY 总是被清 0。

【例 3-18】 若（A）＝50H，（B）＝0A0H，分析执行指令　MUL　AB 之后的结果。

解： 结果为（A）＝00H，（B）＝32H，（OV）＝1，（CY）＝0。

3.4.4　除法指令

```
DIV  AB      ; 累加器 A 除以寄存器 B
```

该指令的功能是将累加器 A 中的无符号 8 位二进制数除以寄存器 B 中的无符号 8 位二进制数，商的整数部分存放在累加器 A 中，余数部分存放在寄存器 B 中。

当除数为 0 时，则结果的 A 和 B 的内容不定，且溢出标志位（OV）＝1，而标志 CY 总是被清 0。

【例 3-19】 若（A）＝0FBH（251），（B）＝12H（18），分析执行指令　DIV　AB 之后的结果。

解： 结果为（A）＝0DH，（B）＝11H，（OV）＝0，（CY）＝0。

3.5　逻辑运算与循环类指令

逻辑运算指令可以完成与、或、异或、清 0 和取反操作，当以累加器 A 为目的操作数时，对 P 标志有影响。

　　循环指令是对累加器 A 的内容循环移位操作，包括左、右方向及带与不带进位等移位方式，移位操作时，带进位的循环移位对 CY 和 P 标志有影响。

　　累加器清 0 操作对 P 标志有影响。

3.5.1　逻辑与指令

```
ANL  A,#data        ; A←(A)∧data
ANL  A,Rn           ; A←(A)∧(Rn)
ANL  A,@Ri          ; A←A∧((Ri))
ANL  A,direct       ; A←(A)∧(direct)
ANL  direct,#data   ; A←(direct)∧data
ANL  direct,A       ; A←(direct)∧(A)
```

　　与指令共有六条，执行指令后的结果存入累加器或直接地址单元中。

　　前 4 条指令的功能将 A 中内容与源操作数所指内容进行按位与运算，并将结果送入 A 中，且影响奇偶标志位。后 2 条指令的功能将直接地址单元中内容与源操作数所指内容进行按位与运算，将结果送入直接寻址地址单元中。

　　【例 3-20】　若（A）=0C3H，（R0）=0AAH，分析执行指令　ANL　A,R0 之后的结果。

　　解：结果为（A）=82H。

　　【例 3-21】　如果（A）=00001111B，（40H）=10001111B，分析执行指令 ANL A,40H 之后的结果。

　　解：结果为（A）=00001111B=0FH

3.5.2　逻辑或指令

```
ORL  A,#data        ; A←(A)∨data
ORL  A,Rn           ; A←(A)∨(Rn)
ORL  A,@Ri          ; A←(A)∨((Ri))
ORL  A,direct       ; A←(A)∨(direct)
ORL  direct,#data   ; direct←(direct)∨data
ORL  direct,A       ; direct←(direct)∨(A)
```

　　或指令共有六条，执行指令后的结果存入累加器或直接地址单元中。

　　前 4 条指令的功能是把源操作数与累加器 A 的内容相或，结果送入累加器 A 中。后 2 条指令的功能是把源操作数与直接地址指示的单元内容相或，结果送入直接地址指示的单元。

　　【例 3-22】　若（A）=0C3H，（R0）=55H，分析执行指令 ORL　A,R0 之后的结果。

　　解：结果为（A）=0D7H。

　　【例 3-23】　若（A）=12H，（R0）=71H，（71H）=60H，分析分别执行下列指令后的结果。

　　解：（1）执行指令：

```
ORL  A,R0
```

　　结果为 A=73H。

　　（2）执行指令：

```
ORL  A,@R0
```

结果为 A＝72H

3.5.3　逻辑异或指令

```
XRL  A,#data          ; A←(A) ⊕ data
XRL  A,Rn             ; A←(A) ⊕ (Rn)
XRL  A,@Ri            ; A←A ⊕ ((Ri))
XRL  A,direct         ; A←(A) ⊕ (direct)
XRL  direct,#data     ; direct←(direct) ⊕ data
XRL  direct,A         ; direct←(direct) ⊕ (A)
```

异或指令有六条，执行指令后的结果存入累加器或直接地址单元中。

前 4 条指令的功能是把源操作数与累加器 A 的内容异或，结果送入累加器 A 中。后 2 条指令的功能是把源操作数与直接地址指示的单元内容异或，结果送入直接地址指示的单元。

【例 3-24】　若（A）＝0C3H，（R0）＝0AAH，分析执行指令　XRL　A,R0 后的结果。

解：结果为（A）＝69H。

【例 3-25】　若（P1）＝01111001B，分析执行指令 XRL　P1,＃00110001B 后的结果。

解：结果为（P1）＝01001000B。

3.5.4　累加器清 0 和取反指令

```
CLR  A   ; A← 0
CPL  A   ; A←(A)
```

这两条指令的功能分别是把累加器 A 的内容清 0 和取反，结果仍在 A 中。

【例 3-26】　若（A）＝0A5H，分析执行指令　CLR　A 之后的结果。

解：结果为（A）＝00H。

3.5.5　累加器循环移位指令

```
RR   A       ; A 中内容循环右移
RRC  A       ; A 中内容带 CY 循环右移
RL   A       ; A 中内容循环左移
RLC  A       ; A 中内容带 CY 循环左移
```

循环移位指令的操作如图 3-7 所示。

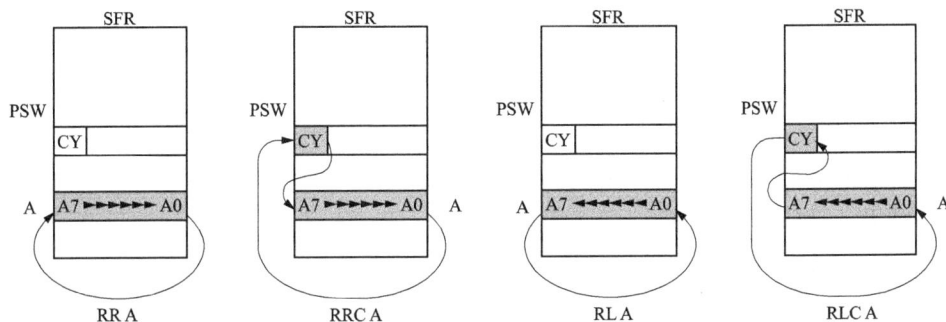

图 3-7　循环移位指令的操作情况

【例 3-27】 假设（A）＝5AH，CY＝1，分析执行指令后的结果。

(1) CPL A；(2) CLR A；(3) RL A；

(4) RLC A；(5) RR A；(6) RRC A。

解：(1)（A）＝0A5H；(2)（A）＝0；

　　　(3)（A）＝0B4H；(4)（A）＝0B5H；

　　　(5)（A）＝2DH；(6)（A）＝0ADH。

有时"累加器 A 内容乘 2"的任务可利用指令 RLC　A 方便地完成。

【例 3-28】 若（A）＝0BDH＝1011 1101B，（CY）＝0，分析执行指令 RLC　A 后的结果。

解：结果为（A）＝0111 1010B＝7AH，（CY）＝1，即为 17AH(378)＝2×BDH (189)。

3.6　控制转移类指令

通常情况下，程序的执行是顺序进行的，但也可根据需要改变程序的执行顺序，这种情况称作程序转移。程序转移通过改变 PC 的内容，从而控制程序的走向。但单片机指令系统中没有直接将一个地址传送到 PC 的指令。它主要是利用控制转移类指令改变程序的执行顺序。MCS-51 系列单片机的转移指令有无条件转移指令、条件转移指令及子程序调用与返回指令等。

3.6.1　无条件转移指令

无条件转移指令有 4 条。当执行无条件转移指令时，不管当前程序的运行状态如何，程序的执行顺序是必须改变的，所以称该指令为无条件转移指令。

1. 短跳转指令

```
AJMP  addr11 ; PC←(PC)+2,
              ; PC10~0 ← addr11, PC15~11 不变
```

该指令执行时，先将 PC 的内容加 2（这时 PC 指向的是 AJMP 的下一条指令），然后把指令中 11 位地址码传送到 $PC_{10\sim0}$，而 $PC_{15\sim11}$ 保持原内容不变，而当前 PC 的高 5 位可确定 32 个 2KB 段之一。

由于 AJMP 是双字节指令，当程序真正转移时 PC 的内容加 2，即 PC＋2→PC，因此转移的目标地址应与 AJMP 下条相邻指令第一字节地址在同一 2KB 区间范围，本指令不影响标志位。

【例 3-29】 若（PC）＝0343H，分析执行 AJMP 0123H 后（PC）＝?

解： 低 11 位地址：001　0010　0011

　　　PC 的高 5 位：00000

　　　有效地址：0000　0001　0010　0011

　　　结果：（PC）＝0123H

2. 长跳转指令

```
LJMP  addr16 ; PC← addr16
```

第一字节为操作码，该指令执行时，将指令的第二、三字节地址码分别装入 PC 的高 8

位和低 8 位中，程序无条件地转移到指定的目标地址去执行。

LJMP 提供的是 16 位地址，因此程序可转向 64KB 的程序存储器地址空间的任何单元，但比 AJMP 指令多占 1 个字节，不可多用该指令。

若标号"LOOP"表示转移目标地址 0123H，执行指令 LJMP　LOOP 时，两字节的目标地址将装入 PC 中，使程序转向目标地址 0123H 处运行。

3. 相对转移指令

```
SJMP  rel   ; PC←(PC)+2，PC←(PC)+rel
```

相对转移指令采用相对寻址方式，给出了当前地址和目的地址之间的距离，即偏移量 rel。rel 是一个带符号的偏移字节数，取值范围为 +127～－128（00H～7FH 对应表示 0～+127，80H～FFH 对应表示－128～－1）。负数表示反向转移，正数表示正向转移。

rel 可以是一个转移目标地址的标号，由汇编程序在汇编过程中自动计算偏移地址，并填入指令代码中。在手工汇编时，可用转移目标地址减转移指令所在的源地址，再减转移指令字节数 2 得到偏移字节数 rel。

向下转移：rel＝(源、目的地址差的绝对值)－2

向上转移：rel＝FEH－(源、目的地址差的绝对值)

如：(1) 设 PC＝2100H，转向 2123H 去执行程序，则其偏移量：

rel＝(2123H－2100H)－2＝21H

(2) 设 PC＝2110H，转向 2100H 去执行程序，则其偏移量：

rel＝FEH－(2110H－2100H)＝FEH－10H＝EEH

【例 3-30】　在 (PC)＝0100H 地址单元有"SJMP rel"，试分析：

(1) 若 rel＝55H，则程序转移到何地址处？

(2) 若 rel＝F6H，则程序转移到何地址处？

解：(1) rel 的真值为 rel＝55H＝01010101B（补码）。因偏移量为正数，所以真值为 55H。然后确定目标地址，程序转移到 PC＝0102H＋55H＝0157H。

(2) rel 的真值为 rel＝F6H＝11110110B。因偏移量为负数，所以真值为－0AH。然后确定目标地址，程序转移到 PC＝0102H－0AH＝00F8H。

4. 散转移指令

```
JMP  @A+ DPTR ; PC←(PC)+1，PC←(A)+(DPTR)
```

该指令具有散转功能，可代替许多判别跳转指令。其转移地址由 DPTR 的 16 位数和累加器 A 的 8 位数进行无符号数相加形成，并直接装入 PC。该指令执行时对标志位无影响，指令的执行结果不会改变 DPTR 及 A 中原来的内容，且转移地址可在程序运行中加以改变，这也是和前三条指令的主要区别。

有一段程序如下：

```
        MOV   DPTR，#TABLE
        JMP   @A+ DPTR
TABLE： AJMP  ROUT0
        AJMP  ROUT1
        AJMP  ROUT2
```

```
AJMP   ROUT3
```

当（A）＝00H 时，程序将转到 ROUT0 处执行；当（A）＝02H 时，程序将转到 ROUT1 处执行（AJMP 为二字节指令，占两个存储单元），其余类推。

3.6.2　条件转移指令

1. 累加器判 0 转移指令

```
JZ   rel    ; 若（A）＝0，则 PC←PC+2+rel 转移；若（A）≠0，按顺序执行。
JNZ  rel    ; 若（A）≠0，则 PC←PC+2+rel 转移；若（A）＝0，按顺序执行。
```

指令的功能是对累加器 A 的内容为 "0" 和不为 "0" 进行检测并转移。当不满足各自的条件时，程序继续往下执行。当各自的条件满足时，程序转向指定的目标地址。目标地址的计算与 SJMP 指令情况相同。指令执行时对标志位无影响。

若累加器 A 原始内容为 00H，则：

```
JNZ  L1    ; 由于 A 的内容为 00H，所以程序往下执行
INC  A     ;
JNZ  L2    ; 由于 A 的内容已不为 0，所以程序转向 L2 处执行
```

2. 比较不相等转移指令

比较不相等转移指令的功能是对目的操作数与原操作数进行比较。

（1）CJNE A，#data，rel　　; PC←PC+3。

1）若（A）＝data，按顺序执行，且（CY）＝0。

2）若（A）＜data，则（CY）＝1，且 PC←（PC）+rel，转移。

3）若（A）＞data，则（CY）＝0，且 PC←（PC）+rel，转移。

（2）CJNE Rn，#data，rel　　; PC←（PC）+3。

1）若（Rn）＝data，按顺序执行，且（CY）＝0。

2）若（Rn）＜data，则（CY）＝1，且 PC←（PC）+rel，转移。

3）若（Rn）＞data，则（CY）＝0，且 PC←（PC）+rel，转移。

（3）CJNE @Ri，#data，rel　　; PC←（PC）+3。

1）若（（Ri））＝data，按顺序执行，且（CY）＝0。

2）若（（Ri））＜data，则（CY）＝1，且 PC←（PC）+rel，转移。

3）若（（Ri））＞data，则（CY）＝0，且 PC←（PC）+rel，转移。

（4）CJNE A，direct，rel　　; PC←（PC）+3。

1）若（A）＝（direct），按顺序执行，且（CY）＝0。

2）若（A）＜（direct），且（CY）＝1，PC←（PC）+rel，转移。

3）若（A）＞（direct），则（CY）＝0，且 PC←（PC）+rel，转移。

这组指令的功能是对指定的目的字节和源字节进行比较，比较过程如图 3-8 所示。

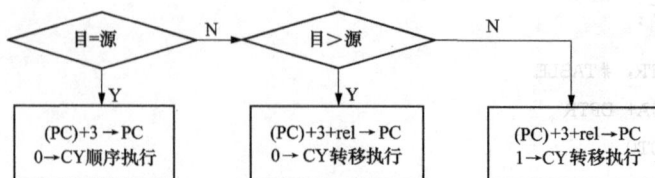

图 3-8　比较不相等转移指令功能示意

若它们的值不相等则转移，转移的目标地址为当前的 PC 值加 3 后，再加指令的第三字节偏移量 rel；若目的字节的内容大于源字节的内容，则进位标志清 0；若目的字节的内容小于源字节的内容，则进位标志置 1；若目的字节的内容等于源字节的内容，CY＝0 程序将继续往下执行。该指令常用于比较两个数的大小。

3. 减 1 不为 0 转移指令

(1) DJNZ　Rn,rel　　　; PC←(PC)+2, Rn←(Rn)−1
　　　　　　　　　　　 ; 若 (Rn)=0，按顺序执行
　　　　　　　　　　　 ; 若 (Rn)≠0，则 PC←(PC)+rel，转移

(2) DJNZ　direct,rel ; PC←(PC)+3, direct←(direct)−1
　　　　　　　　　　　 ; 若 (direct)=0，按顺序执行
　　　　　　　　　　　 ; 若 (direct)≠0，则 PC←(PC)+rel，转移

这组指令每执行一次，便将目的操作数的内容减 1，并判其是否为 0。若不为 0，则转移到目标地址继续循环；若为 0，则结束循环，程序往下执行。

【例 3-31】 分析执行下面一段程序的结果。

```
        MOV   23H,#0AH
        CLR   A
LOOPX:  ADD   A,23H
        DJNZ  23H,LOOPX
        SJMP  $
```

解： 该程序执行后结果为 (A)＝10+9+8+7+6+5+4+3+2+1=55D(37H)。

3.6.3　子程序调用与返回指令

子程序调用指令的执行，类似于无条件转移指令。二者区别是子程序调用与返回指令在转移之前要先将 PC 值（调用指令的下一条指令的地址）自动压入堆栈（保护断点），以便 CPU 执行完子程序后能正确返回，而无条件转移指令不需要返回。

1. 调用指令

(1) 短调用指令。

ACALL　addr11　　; (PC)+2→PC, (SP)+1→SP, (PC)$_{0\sim7}$→(SP)
　　　　　　　　　 ; (SP)+1→SP, (PC)$_{8\sim15}$→(SP), addr$_{0\sim11}$→PC$_{0\sim11}$

此为双字节指令。该指令可在 2KB 地址范围内寻址，用来调用子程序。它与 AJMP 指令转移范围相同，取决于指令中的 11 位地址值，所不同的是执行该指令后需返回，所以在送入地址前，先将原 PC 值压栈保护起来。

若 (SP)＝07H，标号"XADD"表示的实际地址为 0345H，PC 的当前值为 0123H。执行指令 ACALL　XADD 后，(PC)+2=0125H，其低 8 位的 25H 压入堆栈的 08H 单元，其高 8 位的 01H 压入堆栈的 09H 单元。(PC)=0345H，程序转向目标地址 0345H 处执行。

(2) 长调用指令。

LCALL　addr16　　; (PC)+3→PC, (SP)+1→SP, (PC)$_{0\sim7}$→(SP)
　　　　　　　　　 ; (SP)+1→SP, (PC)$_{8\sim15}$→(SP), addr$_{16}$→PC

此为三字节指令。同上条指令 ACALL 相比，执行 LCALL 后的 PC 值完全由指令

中的 16 位地址值提供。在执行该指令时先将 PC 值加上 3，即得到下一条指令地址 PC 值的低 8 位和高 8 位依次压栈，再将 16 位地址值 addr16 送入 PC。这样便能执行所调用的子程序，其调用范围为 64KB，并且不影响标志位。

2. 返回指令

返回指令有子程序返回和中断返回两种。

```
RET    ; 子程序返回   PC15~8←((SP)), SP←(SP)−1
                      PC7~0←((SP)), SP←(SP)−1
RETI   ; 中断返回     PC15~8←((SP)), SP←(SP)−1
                      PC7~0←((SP)), SP←(SP)−1
```

RET 指令的功能是从堆栈中弹出由调用指令压入堆栈保护的断点地址，并送入指令计数器（PC），从而结束子程序的执行。程序返回到断点处继续执行。

RETI 指令是专用于中断服务程序返回的指令，除正确返回中断断点处执行主程序外，还有清除内部相应的中断状态寄存器（以保证正确的中断逻辑）的功能。中断服务程序的最后一条指令一定是返回指令，但必须用中断返回指令 RETI。

3.6.4 空操作指令

```
NOP    ; PC←(PC)+1
```

执行该指令除 PC 加 1 外，计算机不做任何操作，而继续执行下一条指令。不影响任何寄存器和标志位。NOP 为单周期指令，所以时间上只用一个机器周期，在延时或等待程序中常用于时间"微调"。

3.7 位操作类指令

位操作又称布尔操作，是以位为单位进行的各种操作。位操作指令中的位地址有 4 种表示形式：

(1) 直接地址方式（如 0D5H）。

(2) 点操作符方式（如 0D0H.5、PSW.5 等）。

(3) 位名称方式（如 F0）。

(4) 伪指令定义方式（如 MYFLAG BIT F0）。

以上几种形式表示的都是 PSW 中的位 5。

与字节操作指令中累加器 ACC 用字符 "A" 表示类似的是，在位操作指令中，位累加器要用字符 "C" 表示（在位操作指令中 CY 与具体的直接位地址 D7H 对应）。

3.7.1 位传送指令

位传送指令可实现进位 C 与某直接寻址位 bit 间内容的传送。

1. MOV C,bit   ; C←(bit)

该指令为双字节指令，机器码的第一字节为 A2H，第二字节为直接寻址位的位寻址。

2. MOV bit,C   ; bit←(C)

该指令为双字节指令，机器码的第一字节为 92H，第二字节为直接寻址位的位寻址。

上述指令中 C 为进位 CY，bit 为内部 RAM 20H～2FH 中的 128 个可寻址位和特殊功能寄存器中的可寻址位。

【例 3-32】 写出将 20H. 0 传送到 22H. 0 的指令。

解: MOV C,20H. 0

　　MOV 22H. 0,C

也可写成:

　　MOV C,00H　　　　; C←20H. 0

　　MOV 10H,C　　　　; 22H. 0←C

值得注意的是,后两个指令中的 00H 和 10H 分别为 20H. 0 和 22H. 0 位地址,它不是字节地址。

3.7.2　位状态设置指令

1. 位清 0

CLR C　　; C←0

CLR bit　; bit←0

这两条指令可实现位地址内容和位累加器内容的清 0。

【例 3-33】 若(P1)=1000 1101B,分析执行指令 CLR P1.3 后的结果。

解: 结果为(P1)=1000 0101B。

2. 位置位

SETB C　　; CY←1

SETB bit　; bit←1

这两条指令可实现地址内容和位累加器内容的置位。

【例 3-34】 若(P1)=1000 1100B,分析执行指令 SETB P1.0 后的结果。

解: 结果为(P1)=1000 1101B。

3.7.3　位逻辑运算指令

1. 位逻辑"与"

ANL C,bit　　; C←(C) ∧ (bit)

ANL C,$\overline{\text{bit}}$　　; C←(C) ∧ $\overline{(\text{bit})}$

这两条指令可实现位地址单元内容或取反后的值与位累加器的内容"与"操作,操作的结果送位累加器 C。

【例 3-35】 若(P1)=1001 1100B,(CY)=1,分析执行指令 ANL C,P1.0 后的结果。

解: 结果为 P1 内容不变,而(CY)=0。

2. 位逻辑"或"

ORL C,bit　　; C←(C) ∨ (bit)

ORL C,$\overline{\text{bit}}$　　; C←(C) ∨ $\overline{(\text{bit})}$

这两条指令可实现位地址单元内容或取反后的值与位累加器的内容"或"操作,操作的结果送位累加器 C。

3. 位取反

```
CPL  C     ; C←(C)
CPL  bit   ; bit←(bit)
```

这两条指令可实现位地址单元内容和位累加器内容的取反。

3.7.4　位判跳（条件转移）指令

1. 判 CY 转移

```
JC   rel        ; 若（CY）＝1，则转移，(PC)←(PC)+2+rel；否则顺序执行
JNC  rel        ; 若（CY）＝0，则转移，(PC)←(PC)+2+rel；否则顺序执行
```

这两条指令的功能是对进位标志位 CY 进行检测，当（CY）＝1（第一条指令）或（CY）＝0（第二条指令），程序转向 PC 当前值与 rel 之和的目标地址去执行，否则程序将顺序执行。

2. 判 bit 转移

```
JB   bit,rel    ; 若（bit）＝1，则转移，(PC)←(PC)+3+ rel；否则顺序执行
JBC  bit,rel    ; 若（bit）＝1，则转移，(PC)←(PC)+3+ rel；否则顺序执行，
                ; 且无论（bit）是否等于1，均使该位清0
JNB  bit,rel    ; 若（bit）＝0，则转移，(PC)←(PC)+3+ rel；否则顺序执行，
                ; 不影响标志
```

这三条指令的功能是对指定位 bit 进行检测，当（bit）＝1（第一和第二条指令）或（bit）＝0（第三条指令），程序转向 PC 当前值与 rel 之和的目标地址去执行，否则程序将顺序执行。对于第二条指令，当条件满足时（指定位为1），还具有将该指定位清0的功能。

```
如：CLR  P2.1      ; P2.7清0输出
    NOP
    NOP           ; 空操作
    NOP
    SETB P2.1     ; 置位 P2.7 高电平输出
```

本章小结

（1）MCS-51 系列单片机的指令系统有 111 条指令，按功能分为数据传送类指令、算术运算类指令、逻辑运算与循环类指令、控制转移类指令及位操作类指令。

（2）指令由操作码和操作数组成，操作码用来规定执行操作的性质，操作数用于给指令操作提供数据或地址。MCS-51 系列单片机按编码长度可分为单字节指令、双字节指令和三字节指令。

（3）寻找操作数或指令地址的方式称为寻址方式。MCS-51 系列单片机有七种寻址方式，即立即寻址、直接寻址、寄存器寻址、寄存器间接寻址、相对寻址、变址寻址及位寻址。

（4）数据传送类指令使用最频繁，其特点是执行结果不影响标志位的状态；算术运算类

指令的特点是执行结果影响标志位的状态；逻辑运算类指令执行的结果一般不影响标志位 CY、AC、OV，仅在涉及累加器 A 时才对奇偶标志位 P 产生影响。

（5）控制转移类指令有无条件转移、条件转移、子程序调用与返回等；位操作指令功能较强，在进行位操作时以 CY 作为位累加器。

思考与练习题

1. MCS-51 系列单片机的指令系统有何特点？

2. MCS-51 系列单片机指令系统按功能可分为几类？具有几种寻址方式？它们的寻址范围如何？

3. 访问特殊功能寄存器和外部数据存储器应采用哪种寻址方式？

4. "DA　A" 指令的作用是什么？怎样使用？

5. 片内 RAM 20H～2FH 单元中的 128 个位地址与直接地址 00H～7FH 形式完全相同，如何在指令中区分出位寻址操作和直接寻址操作？

6. MCS-51 系列单片机指令系统中有长跳转 LJMP、长调用 LCALL 指令，为何还设置了绝对跳转 AJMP、绝对调用 ACALL 指令？在实际使用时应怎样考虑？

7. SJMP，AJMP 和 LJMP 指令在功能上有何不同？

8. MOVC　A，@DPTR 与 MOVX　A，@DPTR 指令有何不同？

9. 在 "MOVC　A，@A+DPTR" 和 "MOVC　A，@A+PC" 中，分别使用了 DPTR 和 PC 作基址，请问这两个基址代表什么地址？使用中有何不同？

10. 设片内 RAM 中的 （40H）=50H，写出执行下列程序段后寄存器 A 和 R0，以及片内 RAM 中 50H 和 51H 单元的内容为何值？

```
MOV  A,40H
MOV  R0,A
MOV  A,#00
MOV  @R0,A
MOV  A,#30H
MOV  51H,A
MOV  52H,#70H
```

11. 设堆栈指针（SP）=60H，片内 RAM 中的（30H）=24H，（31H）=10H。执行下列程序段后，61H，62H，30H，31H，DPTR 及 SP 中的内容将有何变化？

```
PUSH  30H
PUSH  31H
POP   DPL
POP   DPH
MOV   30H,#00H
MOV   31H,#0FFH
```

12. 在 MCS-51 系列单片机的片内 RAM 中，已知（20H）=30H，（30H）=40H，（40H）=50H，（50H）=55H。分析下面各条指令，说明源操作数的寻址方式，分析按顺序执行各条指令后的结果。

```
MOV A,40H
MOV R0,A
MOV P1,#0F0H
MOV @R0,20H
MOV 50H,R0
MOV A,@R0
MOV P2,P1
```

13. 完成以下数据传送过程。

（1）R1 的内容传送到 R0。

（2）片内 RAM 20H 单元的内容送 R0。

（3）片内 RAM 20H 单元的内容送片外 RAM 2000H。

（4）片外 RAM 1000H 单元的内容送片内 RAM 20H。

（5）片外 RAM 2000H 单元的内容送片外 RAM 1000H。

第 4 章　汇编语言程序设计

　　单片机应用系统由硬件系统和软件系统组成。在第二章熟悉单片机结构的基础上，可根据要完成的任务设计出相应的硬件电路，再利用第三章介绍的 111 条指令设计程序，来完成预定的任务。程序占用多大内存、运行需要多长时间、结构是否合理，都将影响应用系统的性能。

　　所谓程序是指按人的要求编排的指令操作序列。程序设计就是编写计算机程序。计算机程序的编写要使用计算机语言，即计算机能够理解和执行的语言。计算机语言通常可分为机器语言、汇编语言和高级语言。

　　(1) 机器语言。机器语言是一种能被计算机直接识别和执行的语言，用二进制数 "0" 和 "1" 表示。它存放在计算机的程序存储器中。为了阅读和书写方便，机器语言经常写成十六进制形式。使用机器语言编写程序非常繁琐和费时，而且不便阅读和记忆，容易出错，这样就产生了汇编语言和高级语言。

　　(2) 汇编语言。汇编语言是一种符号化的语言，它将指令以助记符的形式表示出来，如前面我们学习的 111 条指令。汇编语言和机器语言相同，也是面向机器的语言，不同机器的汇编语言和机器语言是不同的，也就是说它只能在本机器上运行。

　　(3) 高级语言。高级语言是一种面向过程或面向问题的语言，一般总是独立于具体的机器。如 QBASIC 语言、C 语言等。在进行程序设计时，我们只需掌握语言的语法规则和程序设计方法，而不需了解其机器的具体结构和内部操作过程。不同类型的计算机，若配置了同一种高级语言，那么用这种语言编制的程序就可在不同的机器上运行。

　　用高级语言编制的程序也不能直接执行，必须编译成机器语言。

　　本章将介绍汇编语言程序设计的方法、步骤及编程技巧。

4.1　源程序的编辑和汇编

4.1.1　源程序的编辑

　　针对单片机应用系统要完成的任务，首先是按汇编语言的规则，利用指令编写相应的程序，这就是源程序的编辑。例如下面的程序：

```
        ORG 0100H
START:  MOV A, # 56H
        ANL A, # 0FH
        MOV 20H, A
        SJMP $
        END
```

程序中合理地利用了汇编语言指令和编程规则，标号 "START" 用来表示程序的开始，

"SJMP ＄"为动态停机指令，"ORG"和"END"为伪指令。程序的功能是将 A 中内容的低四位送至 20H 单元。

4.1.2　源程序的汇编

用汇编语言编写的程序称为源程序。由于单片机不能直接识别助记符指令，所以需要将汇编语言源程序转换为单片机能执行的机器码形式，这个过程叫汇编。机器码形式的程序称为目标程序。常用的汇编方法有手工汇编和机器汇编两种。

1. 手工汇编

把程序用助记符指令写出后，通过手工方式查指令编码表，逐个把助记符指令翻译成机器码，然后把得到的机器码程序（以十六进制形式）键入到单片机开发机中，才能进行调试。手工汇编方法适合于简单的应用程序。

2. 机器汇编

机器汇编是在常用的个人计算机 PC 上，使用汇编程序软件将汇编语言源程序转换为机器码形式的目标程序。生成的目标程序由 PC 机传送到开发机上，经调试无误后，再固化到单片机的程序存储器 ROM 中。

源程序经过机器汇编后，形成的若干文件中含有两个主要文件，一是列表文件，另一个是目标码文件。因汇编软件的不同，文件的格式及信息会有一些不同。但主要信息如下：

（1）列表文件形式：

```
地　址       目标程序              汇编程序
                                  ORG 0100H
0100H        7456        START: MOV A, # 56H
0102H        540F               ANL A, # 0FH
0104H        F520               MOV 20H, A
0106H        80FE               SJMP ＄
                                  END
```

（2）目标码文件形式：

```
首地址       末地址       目标码
0100H        0108H       7456540F F52080FE
```

4.1.3　伪指令

在将汇编语言程序翻译成机器语言程序的过程中，需要提供一些有关汇编的信息指令。如指定程序或数据存放单元的地址、预留一些存储单元、定义符号等。这些指令在汇编时起控制作用，但不产生机器代码，它是向汇编程序发出指示信息，告诉它应该如何完成汇编工作，这就是伪指令的作用。伪指令是汇编程序能够识别并对汇编过程进行某种控制的汇编命令。它不是单片机可执行的指令，所以没有对应的可执行目标码，汇编后产生的目标程序中不会再出现伪指令。常用的伪指令有以下几个。

1. 起始地址设定伪指令 ORG

格式：［标号：］　ORG　＜地址＞

功能：向汇编程序说明下面紧接的程序段或数据段存放的起始地址。在一个源程序中可多次使用 ORG 指令，但要求定位应该从小到大，并且地址不能发生重叠。例如：

```
        ORG 0100H
START:  MOV A, #56H
        ......
```

本例中 ORG 伪指令规定该段程序的机器码从 0100H 地址单元开始存放。

若程序省略 ORG 伪指令，则表明该程序段从 0000H 单元开始存放。

2. 汇编结束伪指令 END

格式：〔标号：〕 END ＜地址＞

功能：结束汇编。

汇编程序遇到 END 伪指令后即结束汇编。处于 END 之后的程序，汇编程序将不处理。

3. 字节数据定义伪指令 DB

格式：〔标号：〕 DB ＜字节数据表＞

功能：从标号指定的地址开始，在 ROM 中定义字节数据。该伪指令将字节数据表中的数据根据从左到右的顺序依次存放在指定的存储单元中。一个数据占一个存储单元。例如：

设源程序中有一程序段为：

```
        ORG 1000H
TAB1:DB 03H, 81H, '1', '2'
TAB2:DB 2AH, 56H, - 4, 10
```

汇编后结果：

(1000H)＝03H

(1001H)＝81 H

(1002H)＝31H（数字 1 的 ASCII 码）

(1003H)＝32H（数字 2 的 ASCII 码）

(1004H)＝2AH

(1005H)＝56 H

(1006H)＝FCH （一4 的补码）

(1007H)＝0AH

标号 TAB1 的地址为 1000H，标号 TAB2 的地址为 1004H。

4. 字数据定义伪指令 DW

格式：〔标号：〕 DW ＜字数据表＞

功能：从标号指定的地址单元开始，在程序存储器中定义字数据。该伪指令将字或字表中的数据根据从左到右的顺序依次存放在指定的存储单元中。应特别注意，16 位的二进制数，高 8 位存放在低地址单元，低 8 位存放在高地址单元。例如：

```
ORG  1400H
DATA:DW  324AH, 3CH
     ...
```

汇编后结果：(1400H)＝32H,(1401H)＝4AH,(1402H)＝00H,(1403H)＝3CH.

5. 空间定义伪指令 DS

格式：〔标号：〕DS ＜表达式＞

功能：从标号指定的地址单元开始，在程序存储器中保留由表达式所指定的个数的存储单元作为备用空间，并都填以零值。例如：

```
ORG  2000H
BUF: DS    20
        …
```

汇编后结果：从地址 2000H 开始保留 20 个存储单元作为备用单元。

注意：对 MCS-51 系列单片机来说，DB、DW、DS 伪指令只能对程序存储器使用。

6. 赋值伪指令 EQU

格式：<符号名>　EQU　<表达式>

功能：将表达式的值或特定的某个汇编符号定义为一个指定的符号名。例如：

```
LP1 EQU 21H
QR EQU R1
MOV  A,#LP1
MOV  QR,A
    …
```

如果需要修改这一数值或寄存器名称，而程序中又多次出现，这时只需修改 EQU 指令中表达式的内容，就可把程序中所有的内容都修改过来，对程序调试非常方便。

7. 位地址符号定义伪指令 BIT

格式：<符号名>　BIT　<位地址表达式>

功能：将位地址赋给指定的符号名。其中，位地址表达式可以是绝对地址，也可以是符号地址。

例如：

```
LP   BIT  P1.0
```

将 P1.0 的位地址赋给符号名 LP，在其后的编程中就可用 LP 来代替 P1.0。

4.2　程序设计的步骤及编程技巧

4.2.1　程序设计的步骤

为了更清楚地介绍程序设计的步骤，结合下述案例来说明编程方法和步骤。

【例 4-1】 设计一个温度测量系统，当测得的温度值高于 100℃时，控制红灯亮；当测得的温度值等于 100℃时，控制绿灯亮；当测得的温度值低于 100℃时，控制黄灯亮。

解：

1. 预完成任务的分析

此案例可看成一个实际问题的数学模型。将变量 X 看成是温度测量系统在测量范围中测得的温度值，函数值 Y 看成测量结果，并由 P1 口输出控制指示灯（100℃用十六进制表示即 64H），即

$X>$64H，控制"红"灯亮；表示温度高于 100℃。

$X=$64H，控制"绿"灯亮；表示温度等于 100℃。

$X<64$H，控制"黄"灯亮；表示温度低于100℃。

用 P1 接口的引脚 P1.2、P1.1、P1.0 来分别控制红、绿、黄三只灯的亮灭，引脚输出"1"时灯亮，引脚输出"0"时灯灭。P1 接口的引脚的控制关系为

P1.7	P1.6	P1.5	P1.4	P1.3	P1.2	P1.1	P1.0
指示灯					红	绿	黄
0	0	0	0	0	1	0	0
0	0	0	0	0	0	1	0
0	0	0	0	0	0	0	1

根据前面的分析可知，当温度高于100℃时，为保证"红"灯点亮，P1 接口应输出 04H；当温度等于100℃时，为保证"绿"灯点亮，P1 接口应输出 02H；当温度低于100℃时，为保证"黄"灯点亮，P1 接口应输出 01H。由此建立本案例的数学模型如下：

$$Y=\begin{cases}04\text{H；当 }X>64\text{H}\\02\text{H；当 }X=64\text{H}\\01\text{H；当 }X<64\text{H}\end{cases}$$

2. 确定解决问题的算法

算法就是解决具体问题的方法。同一个问题的算法可以有多种，结果也可能不尽相同，所以，应对各种算法进行分析比较，并进行合理的优化。

算法思想：把温度的测量值转换为二进制数码的形式送入片内 RAM 单元中当作变量 X，在转换中将100℃定为数码 64H，然后取变量与 64H 进行对比判断，最后根据结果选取 04H、02H、01H 送 P1 接口，使 P1 接口的三个引脚 P1.2、P1.1、P1.0 根据判断结果分别输出"1"或"0"，输出"1"时灯亮，输出"0"时灯灭。

3. 绘制流程图

流程图一般是利用一些带方向的线段、框图等把解决问题的先后次序等直观地描述出来。流程图可分为总流程图和局部流程图。

总流程图侧重反映程序的逻辑结构和各程序模块之间的相互关系。局部流程图反映程序模块的具体实施细节。对于简单的应用程序，可不画流程图。但是当程序较为复杂时，绘制流程图是一个良好的编程习惯。

常用的流程图符号有起始和终止符号、执行任务符号、判断分支符号、连接线和程序连接符号等，如图 4-1 所示。

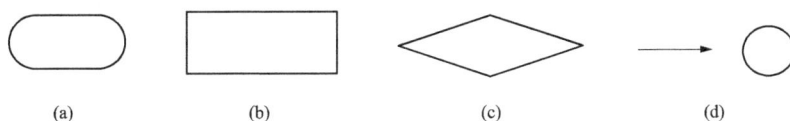

图 4-1　程序流程图表示符号

(a) 起始和终止符号；(b) 执行任务符号；(c) 判断分支符号；(d) 连接线和程序连接符号

根据算法思想和建立起的数学模型，绘制出本案例的程序流程，如图 4-2 所示。

4. 编程解决问题

按尽可能节省数据存放单元、缩短程序长度和运行时间三个原则来编写程序。本案例程序如下：

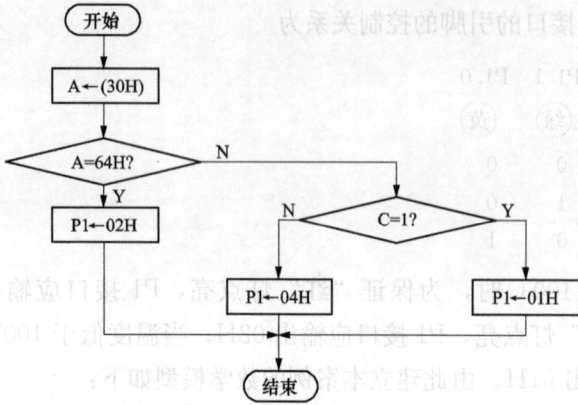

```
        ORG  1000H
        MOV A,30H
        CJNE A,#64H,LOOP1
        MOV P1,#02H
        SJMP JS
LOOP1:  JC LOOP2
        MOV P1,#04H
        SJMP JS
LOOP2:  MOV P1,#01H
JS:     SJMP $
        END
```

图 4-2　程序流程图

在进行程序设计时，按照上面介绍的方法可轻松编写出源程序，使你不再感觉无从下手。

4.2.2　编程技巧

1. 采用模块化的程序结构

模块化的程序结构是将一个复杂问题分解为若干个简单模块，各模块都要完成一个明确的任务，实现某个具体的功能，如延时、数据处理、显示等，然后编写程序逐一实现。

采用模块化的程序结构的优点是把一个复杂的问题简单化了，即复杂的程序变成了功能单一的程序模块，有利于程序的设计和调试，提高了程序的阅读性和可靠性，使程序的结构层次及功能清晰明了。

2. 尽量采用循环结构和子程序

采用循环结构和子程序可使程序的长度减少、占用内存空间减少。当采用多重循环结构时，要注意各重循环的初值和循环结束条件的设定，避免出现"死循环"现象。

若采用子程序结构，要注意现场保护和现场恢复，要运用好参数的传递方法。

4.3　程 序 设 计 举 例

程序设计是为解决某一问题，将指令按一定顺序组合起来。程序有繁有简，有些复杂程序往往是由一些简单的基本程序组成。这些基本程序有顺序、分支和循环等几种形式。我们只要掌握这些结构化程序的设计方法和技巧，就能很容易编写出复杂程序。本节介绍几种基本程序结构。

4.3.1　顺序程序

顺序程序是指执行流程是依指令在存储器中的存放顺序进行的。它是最简单的程序结构。

1. 传送程序

在汇编语言程序设计中，由于使用最多的指令就是传送指令，因此用好这类指令对程序的编制也是非常重要的。

【例 4-2】 编程实现片外 RAM 地址为 2400H 和 2401H 单元的内容传送到片内 RAM 40H 和 41H 单元。

解：这个程序比较简单，可以不画流程图，直接编写程序。

程序如下所示：

```
        ORG 0100H
START:  MOV  DPTR,#2400H    ; 设置数据指针
        MOV  R0,#40H        ; 设置数据指针
        MOVX A,@DPTR        ; 2400H 单元的数据传送
        MOV  @R0,A          ; 到 40H 单元
        INC  DPTR           ; 修改地址指针
        INC  R0             ;
        MOVX A,@DPTR        ; 2401H 单元的数据传送
        MOV  @R0,A          ; 到 41H 单元
        SJMP $
        END
```

2. 查表程序

查表程序在汇编语言程序设计中应用很广泛。编写一些复杂的运算程序，其汇编程序长，难于计算，而且占用 CPU 的时间长。另外，对于一些非线性运算，用汇编语言几乎无法处理，此时使用查表法十分方便。所谓查表，就是把事先计算或测得的数据按照一定顺序排列成表格，存放在程序存储器中。然后编写程序，通过查表查出最终所需的结果。

【例 4-3】 设 X 是小于 10 的整数，存放在片内 RAM 地址为 50H 单元，编程求其平方值，并存入片内 RAM 地址为 51H 单元。

解：本例采用查表的方法来实现比较简单，即在程序存储器中，建立 0～9 十个数字的平方值表，然后通过查表的方法求出 X^2。

绘制程序流程如图 4-3 所示。

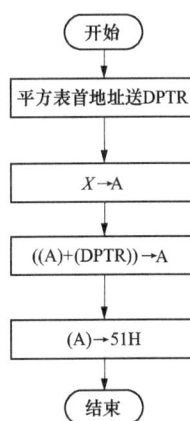

图 4-3　[例 4-3] 程序流程图

程序如下所示：

```
        ORG  0200H
START:  MOV  DPTR,#1000H    ; 设置数据指针
        MOV  A,50H          ; 变量 X 送 A
        MOVC A,@A+DPTR      ; 查表求 X²
        MOV  51H,A          ; 存放结果
        SJMP $
        ORG  1000H
TABLE:  DB  00,01,04,09,16  ; 0～9 十个数字的平方值表
```

```
        DB   25,36,49,64,81   ;
        END
```

程序中使用了查表指令 MOVC A,@A+DPTR，这条指令对平方表存放的地点和空间没有限制。如果采用 MOVC   A,@A+PC 指令，程序将如何修改？

3. 运算程序

由于 MCS-51 系列单片机指令系统中只有单字节加法指令，因此对于多字节的求和运算必须从低位字节开始分字节进行。除最低字节可使用 ADD 指令外，其他字节相加时要把低字节的进位考虑进去，这时就应该使用 ADDC 指令。

【例 4-4】 编程实现两字节无符号数的加法运算。设一个加数存放于片内 RAM 30H 和31H 单元；另一个加数存放于片内 RAM 40H 和 41H 单元；运算结果存放于片内 RAM 50H 和 51H 单元，均从高位字节开始存放，进位存放于位寻址区 00H 位。

解：

方法一：
```
        ORG 1000H
START:, MOV  R0,#31H    ; 设置数据区首地址
        MOV  R1,#41H
        MOV  A,@R0       ; 取加数低位
        ADD  A,@R1       ; 低字节求和
        MOV  51H,A       ; 存低位和
        DEC  R0          ; 修改地址指针
        DEC  R1
        MOV  A,@R0       ; 取加数高位
        ADDC A,@R1       ; 高字节求和
        MOV  50H,A       ; 存高位和
        MOV  00H,C       ; 存进位
        SJMP $
        END
```

方法二：
```
        ORG 1000H
START:, MOV  A,31H
        ADD  A,41H
        MOV  51H,A
        MOV  A,30H
        ADDC A,40H
        MOV  50H,A
        MOV  00H,C
        SJMP $
        END
```

比较两种方法所占用的存储单元个数和机器周期，方法一占用 18 个单元，执行时间为18 个机器周期；方法二占用 16 个单元，执行时间为 10 个机器周期。显然方法二是最佳的，实际应用中要注意程序的优化。

4. 拼字程序

【例 4-5】　设片内 RAM 50H 和 51H 单元分别存放一个单字节整数，要求拼装一个新数字并送 60H 单元保存，其低 3 位取自 50H 单元的高 3 位，高 5 位取自 51H 单元的高 5 位。

解： 绘制程序流程如图 4-4 所示。

根据流程编写程序如下所示：

```
ORG   0100H
MOV   A,50H
ANL   A,#11100000B
SWAP  A
RR    A
MOV   60H,51H
ANL   60H,#11111000B
ORL   60H,A
SJMP  $
END
```

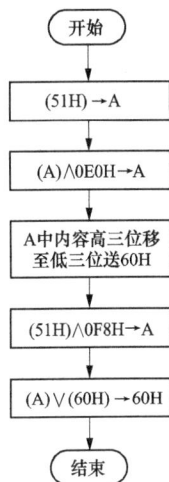

图 4-4　[例 4-5]
程序流程图

5. 数据转换程序

【例 4-6】　编程实现二进制数到 BCD 码的转换。有一个单字节无符号二进制整数存放于片内 RAM 30H 单元，将其转换成 3 位 BCD 码形式。百位数存入 20H 单元，十位数和个位数存入片内 RAM 21H 开始的单元。

解： 单字节十六进制数的取值范围 0～255。此程序算法是将其除以 100 后，商为百位数；余数除以 10，商为十位数，余数为个位数。

程序如下所示：

```
        ORG   0100H
START:  MOV   A,30H    ; 将单字节数存入 A 中
        MOV   B,#100   ;
        DIV   AB       ; 分离出百位数
        MOV   20H,A    ; 百位数送 20H 单元
        XCH   A,B      ; 余数送 A
        MOV   B,#10;
        DIV   AB       ; 分离出十位数和个位数
        SWAP  A        ; 十位数移至高字节
        ORL   A,B      ; 个位数移至低字节
        MOV   21H,A
        SJMP  $
        END
```

4.3.2　分支程序

在实际的程序设计中，有时需要根据条件判定结果来决定程序的路径，这种结构的程序就是分支程序。在 MCS-51 系列单片机指令系统中设置了条件转移指令、比较转移指令和位转移指令，可用来实现分支结构程序设计。

分支程序可分为双分支结构和多分支结构，如图 4-5 所示。

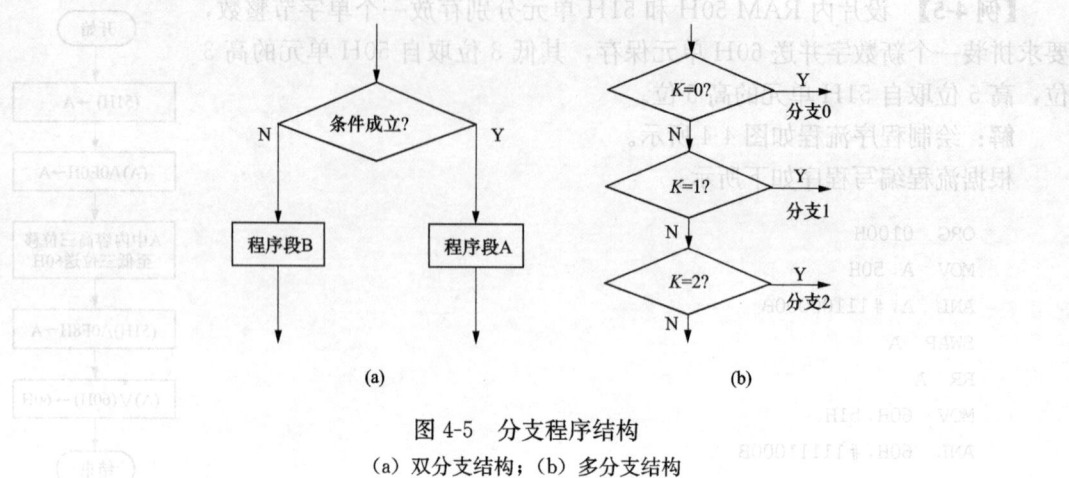

图 4-5　分支程序结构

(a) 双分支结构；(b) 多分支结构

1. 双分支程序

【例 4-7】　设片内 RAM 30H、31H 单元存放着两个不带符号的二进制数，请找出其中大数存于 32H 单元中。

解：绘制程序流程如图 4-6 所示。

程序如下所示：

```
        ORG   2000H
        CLR   C
        MOV   R5，31H  ；31H 单元送 R5 中
        MOV   A，30H   ；30H 单元内容送 A
        SUBB  A，R5    ；(A)－(R5) 送 A
        JNC   LOOP     ；(A)>(R5) 转 LOOP
        XCH   A，R5    ；(A)<(R5)，(R5) 与 (A) 交换
        MOV   32H，A   ；(R5) 送 32H 单元
        SJMP  $
LOOP:   MOV   32H，30H ；(30H) 送 32H 单元
        SJMP  $
        END
```

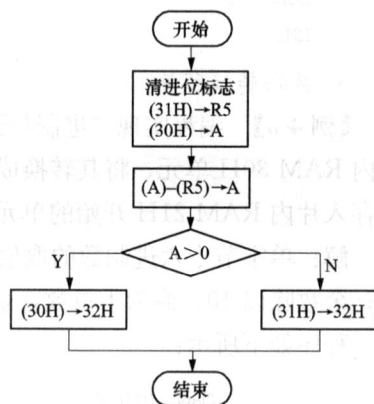

图 4-6　［例 4-7］程序流程图

2. 多分支程序

【例 4-8】　设变量 X 以补码形式存放于片内 RAM 50H 单元。变量 X 与 Y 的关系如下，结果存放于 51H 单元。

$$Y = \begin{cases} 1 & ；当 X>0 \\ 0 & ；当 X=0 \\ -1; & 当 X<0 \end{cases}$$

解：绘制程序流程如图 4-7 所示。

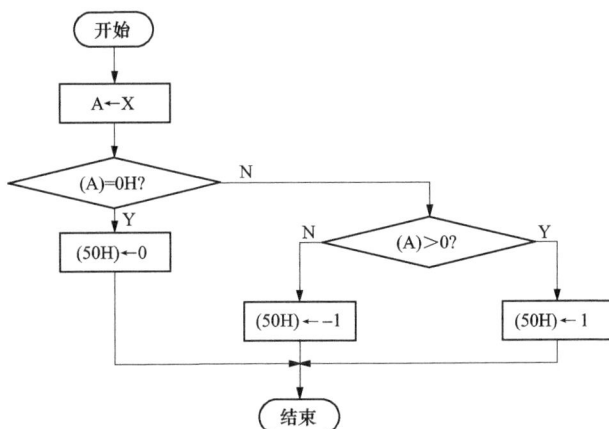

图 4-7　〔例 4-8〕程序流程图

```
        ORG   2000H
        MOV   A,50H        ; 取变量 X 送 A 中
        JZ    LP2          ; X＝0 转 LP2
        JNB   ACC,7,LP1    ; X 的最高位为 0（即 X＞0）转 LP1
        MOV   A,#0FFH      ; —1 的补码 0FFH 送 A
        SJMP  LP2          ; 转存结果指令
LP1:    MOV   A,01H        ; 1 送 A
LP2:    MOV   51H,A        ; 函数值送 51H 单元
        SJMP  $
        END
```

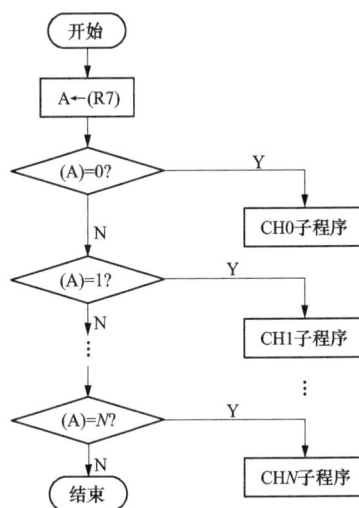

【例 4-9】　编写一个 N 路分支程序。以 R7 内容为转移条件。R7 取 0，1，2，…N，分别转向对应程序。设对应程序的入口地址为 CH0～CH7。

　　解：绘制程序流程如图 4-8 所示。

图 4-8　〔例 4-9〕程序流程图

　　程序如下所示：

```
        ORG   1000H
        MOV   DPTR,#TAB    ; 将转移指令表首地址
                            送 DPTR
        MOV   A,R7         ;
        ADD   A,R7         ; (R7)×2 送 A
        JNC   LOOP1        ; 没超出 8 位数表示范围，转 LOOP1
        INC   DPH          ; 超出 8 位数表示范围，高位地址加 1
LOOP1:  JMP   @A+DPTR      ; 转至 TAB 表
TAB:    AJMP  CH0          ; 转移指令表
        AJMP  CH1
        …
        AJMP  CHN
```

```
CH0:    ...                              ；对应 N 个子程序段
CH1:    ...
        ...
CHN:    ...
        END
```

本例多分支程序又称为散转移程序，其根据运算的结果在 N 个分支中选择一个执行。程序中，每个分支程序都有对应的程序段，分别位于程序存储器的不同区段。程序运行时，根据判断语句执行情况，使程序转向不同的程序段。

4.3.3　循环程序

循环程序结构是编程使用最多的结构。它的优点是可缩短程序，节省内存空间。在程序设计中，对多次重复出现的程序段，就可设计成这种结构。

循环程序可分为两种基本结构，一是先执行后判断，适用于循环次数已知；二是先判断后执行，适用于循环次数未知，如图 4-9 所示。

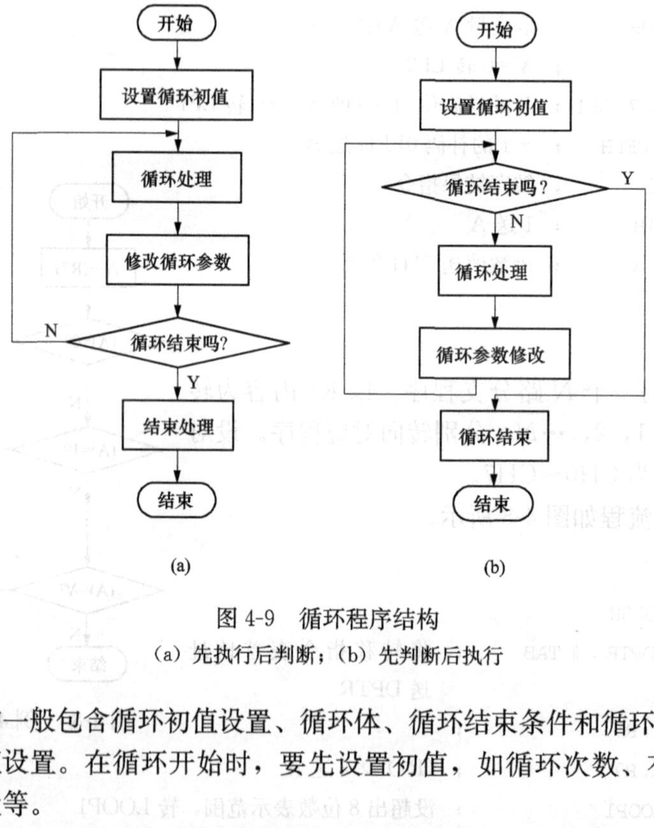

图 4-9　循环程序结构
(a) 先执行后判断；(b) 先判断后执行

循环程序结构一般包含循环初值设置、循环体、循环结束条件和循环结束处理。

（1）循环初值设置。在循环开始时，要先设置初值，如循环次数、有关工作寄存器清零、地址指针设置等。

（2）循环体。循环体是程序设计要求重复执行的程序部分，是循环结构的核心。

（3）循环结束条件。通过对循环结束条件的判定来决定是否结束循环体的执行。在单片机中一般用一个工作寄存器 Rn 作为计数器，并对其赋予循环次数初值，循环体每执行一次，令其内容减 1，当这个寄存器中所置的初值减为 0 时就结束循环。此外，也可采用条件控制，即判定结束条件是否成立，如果不成立，则继续循环。否则，结束循环。

（4）循环结束处理。当循环体执行完毕，需要对结果进行处理和存储。

【例 4-10】 将片内 RAM 50H~5FH 单元的数传送到片外 RAM 1000H~100FH 单元。

解：程序如下。

```
        ORG  0100H
START:  MOV  R0,#50H          ; 片内数据区首地址送 R0
        MOV  DPTR,#1000H      ; 片外数据区首地址送 DPTR
        MOV  R7,#10H          ; 设置循环次数
LOOP:   MOV  A,@R0            ; 取第一个数送 A
        MOVX @DPTR,A          ; A 中内容送片外第一个单元
        INC  R0              ; 修改地址指针，使其指向下一个单元
        INC  DPTR            ; 修改地址指针，使其指向下一个单元
        DJNZ R7,LOOP         ; 循环次数减 1，判 R7 是否为 0
        SJMP $;              ;
        END
```

【例 4-11】 假定片内 RAM 50H 单元开始连续存放 10 个无符号数，找出其最大数并存入 R3 中。

解：

```
        ORG  0100H
START:  MOV  R0,#50H          ; 片内数据区首地址送 R0
        MOV  R7,#09H          ; 设置循环次数
        MOV  A,@R0            ; 取第一个数送 A
LOOP1:  INC  R0              ; 修改地址指针
        MOV  30H,@R0          ; 取第二个数
        CJNE A,30H,CX        ; 比较两数大小
CX:     JNC  LOOP2           ; 第一数大于第二数转移
        MOV  A,@R0            ; 第二数大，送 A
LOOP2:  DJNZ R7,LOOP1        ; R7 内容减 1 不为 0，循环继续比较
        MOV  R3,A            ; 比较结束，存结果
        SJMP $
        END
```

寻找最大数的方法很多，最基本的方法就是采用比较和交换来依次进行，如本例。先读取第一个数和第二个数，把第一个数作为基准，两数进行比较。如果基准数大，则不做交换，再取下一个数进行比较；如果基准数小，则两数交换，用大数做基准数，再以新基准数与下一个数进行比较，直至全部比较完毕。此例基准数即是数据块中的最大值。

【例 4-12】 三字节无符号数加法。

设被加数存放在内部 RAM 的 52H、51H、50H 单元，加数存放在内部 RAM 的 62H、61H、60H 单元，相加的结果存放在内部 RAM 的 52H、51H、50H 单元，进位存放在位寻址区的 00H 位中。

解：程序如下。

```
        ORG  1000H
        CLR  C
        MOV  R6,#3      ; 字节长度送 R3
        MOV  R0,#50H    ; 设置被加数地址指针
        MOV  R1,#60H    ; 设置加数地址指针
LOOP:   MOV  A,@R0      ; 取被加数低字节
        ADDC A,@R1      ; 被加数低字节与加数低字节求和
        MOV  @R0,A      ; 保存结果
        INC  R0         ; 修改被加数地址指针
        INC  R1         ; 修改加数地址指针
        DJNZ R6,LOOP    ; 判断循环是否结束
        MOV  00H,C      ; 存放进位标志
        SJMP $
        END
```

4.3.4 子程序

在实际的程序设计中，有些通用性的问题在一个程序中可能要使用多次，为避免重复，使程序结构清晰、紧凑，可读性强，往往可单独编写解决这一问题的程序，即设计为子程序形式，供程序运行时随时调用，这里调用子程序的程序称为主程序。调用子程序的过程称为子程序调用。子程序执行完后返回主程序的过程称为子程序返回。主程序与子程序的关系如图 4-10 所示。

子程序结构与主程序基本相同，区别是子程序的执行是由其他程序调用的，因此必须提供子程序的入口地址。另外，子程序的最后一条指令必须是 RET 指令。

在调用子程序时要注意两点：一是注意现场保护与恢复；二是参数传递。

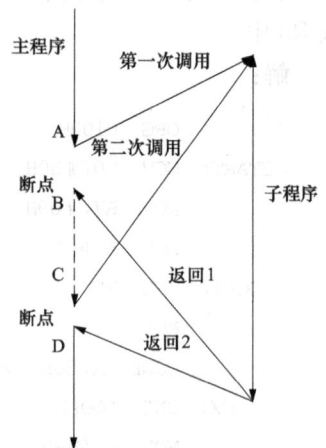

图 4-10 主程序与子程序关系示例

1. 现场保护与恢复

在子程序执行过程中常常要用到单片机的一些通用单元，如工作寄存器 R0～R7、累加器 A、数据指针 DPTR，以及有关标志和状态等。而这些单元中的内容在调用结束后的主程序中仍有用，所以需要进行保护，称为现场保护。

在执行完子程序，返回继续执行主程序前恢复其原内容，称为现场恢复。保护与恢复成对出现，其方法有以下两种：

(1) 在主程序中实现。

示例如下所示：

```
        主程序
        ⋮
        PUSH PSW        ; 保护现场
        PUSH ACC        ;
        PUSH B          ;
```

```
        MOV  PSW,#08H      ; 换当前工作寄存器组
        LCALL addr16       ; 子程序调用
        POP   B            ; 恢复现场
        POP   ACC          ;
        POP   PSW          ;
         ⋮
```

（2）在子程序中实现。

示例如下所示：

```
    SUB1:PUSH PSW          ; 保护现场
        PUSH  ACC          ;
        PUSH  B            ;
         ⋮
        MOV   PSW,#10H      ; 换当前工作寄存器组
         ⋮
        POP   B            ; 恢复现场
        POP   ACC          ;
        POP   PSW          ;
        RET
```

现场保护一般采用堆栈操作。用入栈指令 PUSH 保护现场；用出栈指令 POP 恢复现场。

注意，无论哪种方法保护与恢复的顺序要对应。

2. 参数传递

由于子程序是主程序的一部分，所以，在程序的执行时它们之间必然要发生数据上的联系。在调用子程序时，主程序应通过某种方式把有关参数（即子程序的入口参数）传给子程序；在子程序执行完毕后，又需要通过某种方式把有关参数（即子程序的出口参数）传给主程序。参数传递的方法可采用下面三种方法：

（1）利用累加器或寄存器。

（2）利用存储器。

（3）利用堆栈。

【例 4-13】　编程实现 $d = a^2 + b^2 + c^2$。设 a，b，c，d 分别存于内部 RAM 的 40H，41H，42H、43H 三个单元中。

解：

```
        ORG  1000H
START:  MOV  SP,#30H       ; 设置堆栈指针
        MOV  R0,#40H       ; 设置数据区地址指针
        MOV  R7,#03H       ; 设置查表次数
        MOV  43H,#00H      ; 结果单元清零
LOOP:   MOV  A,@R0         ; 取 a、b、c
        ACALL SQR          ; 调用查平方表
        ADD  A,43H         ; 求平方和存于 A 中
```

```
        MOV   43H,A              ;存结果
        INC   R0
        DJNZ  R7,LOOP            ;按顺序
        SJMP  $
SQR:    MOV   DPTR,#TAB          ;子程序
        MOVC  A,@A+DPTR          ;
        RET
        ORG   1050H
TAB:    DB    0,1,4,9,16,25,36,49,64,81;平方表
        END
```

此例是利用 A 来进行参数传递。

🌱 本 章 小 结

（1）一个单片机应用系统由硬件和软件两部分构成。硬件系统是看得见摸得着的部件；而软件系统是指程序，由一条条指令组成。程序设计就是编写计算机程序，即软件。MCS-51 系列单片机的语言为汇编语言，用其编写的程序称为源程序。由于计算机不能识别，因此必须进行汇编。汇编有手工汇编和机器汇编两种方法。

（2）伪指令是汇编程序能够识别，并对汇编过程进行某种控制的汇编命令。它不是单片机可执行的指令，所以没有对应的可执行目标码，汇编后产生的目标程序中不会再出现伪指令。

（3）汇编语言程序设计的步骤为：①预完成任务的分析；②确定解决问题的算法；③绘制流程图；④编程解决问题。

（4）程序设计的基本结构有顺序结构、分支结构、循环结构及子程序。程序设计时要尽量采用模块化的程序结构，尽量采用循环结构和子程序。

（5）分支结构又分为双分支和多分支；循环结构有先判断后执行和先执行后判断两种。

💭 思考与练习题

一、判断题

1. 汇编语言源程序是单片机可直接执行的程序。　　　　　　　　　　　　　　　（　）

2. MCS-51 系列单片机指令系统中，执行指令

```
    ORG   2000H
BCD: DB"A,B,C,D"
```

表示将 A、B、C、D 的 ASCII 码值依次存入 2000H 开始的连续单元中。　　　（　）

3. 指令 LCALL addr16 能在 64KB 范围内调用子程序。　　　　　　　　　　　（　）

4. MCS-51 系列单片机中 PUSH 和 POP 指令只能保护和恢复现场，不能保护断点。

　　　　　　　　　　　　　　　　　　　　　　　　　　　　　　　　　　　　（　）

5. 将 37H 单元的内容传送至 A 的指令是 MOV A,#37H。　　　　　　　　　　（　）

二、单项选择题

1. MCS-51 系列单片机指令系统中，执行下列程序后，程序计数器 PC 的内容为_____。

```
ORG     0000H
MOV     DPDR,#1000
MOV     A,#00H
MOV     20H,A
LJMP    1500
GND
```

 A. 100 B. 1000 C. 1500 D. 0

2. 执行下列程序后，累加器 A 的内容为_____。

```
        ORG     0000H
        MOV     A,#00H
        ADD     A,#02H
        MOV     DPTR,#0050H
        MOVC    A,@A+DPDR
        MOV     @R0,A
        SJMP    $
        ORG     0050H
BAO:    DB      00H,08H,0BH,06H,09H,0CH
        END
```

 A. 00H B. 0BH C. 06H D. 0CH

3. MCS-51 系列单片机指令系统中，执行下列指令后，结果为_____。

```
ORG     40H
DS      10H
```

 A. 将 40H 存入 10H   B. 从 40H 地址单元开始空 10H 个连续存储单元
 C. 将 40H 地址的内容存入 10H D. 以上都不对

4. 在编程中使用伪指令的目的是_____。
 A. 指示和引导如何进行手工汇编 B. 指示和引导编译程序如何汇编
 C. 指示和引导汇编程序进行汇编 D. 指示和引导程序员进行汇编

5. MCS-51 系列单片机指令系统中，格式为 ORG　16 位地址 的指令功能是_____。
 A. 用于定义字节   B. 用于定义字
 C. 用来定义汇编程序的起始地址 D. 用于定义某特定位的标识符

三、下面程序段执行后，SP＝? A＝? B＝? 解释每一条指令的作用。

```
ORG  0200H
MOV  SP,#40H
MOV  A,#30H
LCALL  0250H
ADD  A,#10H
MOV  B,A
```

```
L1: SJMP   L1
    ORG    0250H
    MOV    DPTR,#020AH
    PUSH   DPL
    PUSH   DPH
    RET
```

四、编写程序

1. 用两种方法实现累加器 A 和寄存器 B 内容互换。

2. 设被加数存放在内部 RAM 的 20H、21H 单元，加数存放在 22H、23H 单元，若要求和存放在 24H、25H 中，试编写出 16 位数相加的程序。

3. 把外部 RAM 中 1000H～1030H 的内容传送到内部 RAM 的 30H～60H 中。

4. 实现双字节无符号数加法运算，要求（R1R0）＋（R7R6）→（61H60H）。

5. 在内部 RAM 的 21H 单元开始存有一组单字节不带符号数，数据长度为 30H，要求找出最小数存入 SMALL 单元。

6. 把累加器 A 中的二进制数变换成 3 位 BCD 码，并将百、十、个位数分别存放在内部 RAM 的 50H、51H、52H 中。

7. 编写子程序，将 R1 中的 2 个十六进制数转换为 ASCII 码后存放在 R3 和 R4 中。

8. 求内部 RAM 中 50H～59H 十个单元内容的平均值，并存放在 5AH 单元。

9. 设有两个 4 位 BCD 码，分别存放在片内 RAM 的 23H、22H 单元和 33H、32H 单元中，求它们的和，并送入 43H、42H 单元中去（以上均为低位在低字节，高位在高字节）。

10. 设有 100 个有符号数，连续存放在片外 RAM 以 2200H 为首地址的存储区中，试编程统计其中正数、负数、零的个数。

五、若 MCS-51 系列单片机的晶振频率为 6MHz，试计算下面延时子程序的延时时间。

```
DELAY: MOV   R7,#0F6H
   LP: MOV   R6,#0FAH
       DJNZ  R6,$
       DJNZ  R7,LP
       RET
```

六、根据图 4-11 所示电路，试编制灯亮移位程序，即 8 个发光二极管每次亮一个，循环左移，逐个亮，循环不止（说明：亮的时间由延时时间子程序 DELAY 决定）。

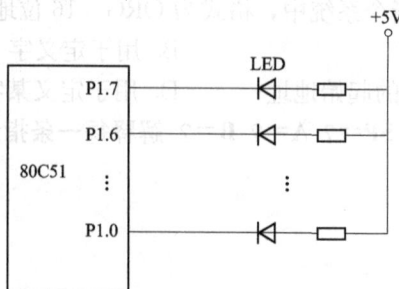

图 4-11　电路

第 5 章 MCS-51 系列单片机的中断系统

在计算机与外部设备之间交换信息时，高速 CPU 与低速外设之间速率存在差异，若采用软件查询，又占用了 CPU 的操作时间。此外，对外部一些紧急事件，要求 CPU 能进行实时处理。为解决这一问题，计算机中引入了中断。

5.1 中 断 的 基 本 概 念

5.1.1 中断的定义

CPU 与外部设备之间进行信息交换有四种方式。

（1）无条件传送：不考虑外设的状态，只在规定时间内 CPU 用规定输入或输出指令来进行信息交换。

（2）程序查询传送方式：在交换信息前，CPU 要先对外设进行查询，直到外设准备好才开始信息的交换。

（3）中断传送方式：外设准备好后主动发出申请，要求 CPU 中断正在进行中的程序转向为外设服务的程序。

（4）直接存储器存取（DMA）方式：外设在专用硬件电路 DMA 控制器的控制下，不经过 CPU 而直接与存储器进行高速数据传送。

由此可见，中断实际上是 CPU 与外部设备之间交换信息的一种方式。这种方式是指 CPU 在执行主程序时，发生了异常情况或特殊事件，请求 CPU 迅速去处理（中断发生）；CPU 暂时中断当前程序的运行，转去处理紧急事件（中断响应和中断服务）；待 CPU 处理完毕后，又自动返回原来的程序继续运行（中断返回），这一过程称为中断，如图 5-1 所示。

我们在日常生活中，经常会遇到"中断"的现象。如在电影院看电影，突然停电；你正在读书，电话铃响了等。所有这些都是正常活动过程中中断的例子。当突发事件处理完毕，我们又可以恢复正常的活动。如果把这一情况推广到计算机中，就是计算机的中断技术。

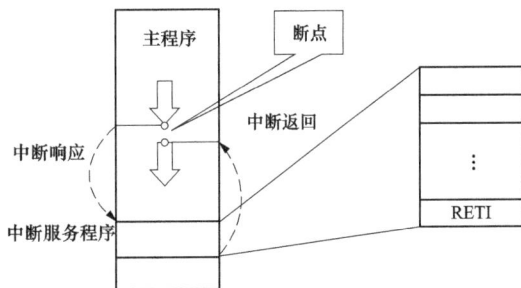

图 5-1　中断流程

5.1.2 中断的作用

中断这种信息交换方式在计算机控制系统中得到广泛应用。中断技术的应用，大大提高了计算机的工作效率和处理问题的灵活性，其作用概括如下：

（1）中断技术实现了 CPU 与多个外设并行工作，提高了 CPU 的利用率及数据的 I/O

效率。

（2）中断技术能对计算机运行过程中某个事件的出现或突然发生的故障做到及时发现并进行自动处理，即实时处理。

（3）中断技术使我们能通过键盘发出请求，随时对运行中的计算机进行干预，即可实现人机联系。

（4）实现多道程序的切换运行。

（5）在多机系统中，实现各处理机之间的信息交换和任务切换。

5.2　中断系统的内部结构

MCS-51 系列单片机的中断系统主要由特殊功能寄存器 TCON、IE、IP，中断入口和顺序查询逻辑电路等组成。中断系统结构如图 5-2 所示。

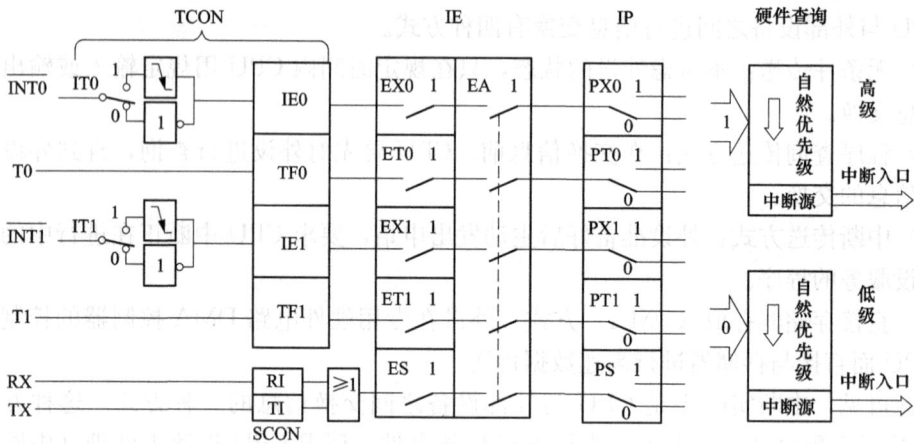

图 5-2　中断系统结构

从图 5-2 可知，MCS-51 系列单片机有 5 个中断源，可提供两个中断优先级，即实现两级中断嵌套。当中断源有中断请求时，中断标志寄存器 TCON 对应的中断标志位被置 1，是否允许中断由中断允许寄存器 IE 控制。5 个中断源的中断排列顺序由中断优先级控制寄存器 IP 和硬件查询电路共同决定。5 个中断源对应 5 个固定的中断入口地址，见表 5-1。

表 5-1　　　　　　　　　　　中断入口地址及中断优先级顺序

中断源	中断标志	中断服务程序入口	自然优先级顺序
外部中断 0（$\overline{\text{INT0}}$）	IE0	0003H	高
定时/计数器 0（T0）	TF0	000BH	↓
外部中断 1（$\overline{\text{INT1}}$）	IE1	0013H	↓
定时/计数器 1（T1）	TF1	001BH	↓
串行接口	RI 或 TI	0023H	低

5.2.1　中断源

计算机中，把引起中断的原因和发出中断申请的来源称为中断源。以 80C51 单片机为例，它有 5 个中断源，分为三类，即两个外部输入中断源、两个定时溢出中断源和一个串行接口发送或接收中断源。

1. 外部输入中断源

外部输入中断源是由 P3.2（$\overline{\text{INT0}}$）和 P3.3（$\overline{\text{INT1}}$）两个引脚输入的外部信号引起的。外部输入中断信号有电平触发和边沿触发两种请求方式。电平触发方式是低电平有效，单片机只要在中断请求信号输入端采样到有效的低电平，即能激发中断。边沿触发方式，脉冲下降沿有效，CPU 在相邻两个机器周期采样外部信号输入引脚，如前一次为高电平，后一次为低电平，即为有效中断信号。

2. 定时溢出中断源

单片机内部有定时/计数器 T0 和定时/计数器 T1 两个部件，可实现定时和计数功能。当定时/计数器计数溢出时，即表示定时时间到或计数值已满，这时计数溢出信号作为中断请求去置位定时中断请求标志 TF0 或 TF1，CPU 以此标志是否置位来判断是否有中断定时请求。定时溢出中断是内部自动产生的，芯片上无中断请求信号的输入端。

3. 串行接口发送或接收中断源

串行接口发送或接收中断源是为串行数据的传送而设置的。当串行接口接收完一帧串行数据时置位接收中断请求标志 RI，向 CPU 申请中断；当串行接口发送完一帧串行数据时置位串行接口发送中断请求标志 TI，向 CPU 申请中断。串行中断也是内部自动产生的，芯片上无中断请求信号的输入端。

5.2.2　中断请求标志

1. TCON 的中断标志

TCON 是一个 8 位的寄存器，可位寻址，8 位中有 6 位与中断有关。其各位含义如下：

位	7	6	5	4	3	2	1	0	
地址：88H	TF1		TF0		IE1	IT1	IE0	IT0	TCON

（1）IT0（TCON.0），外部中断 0 触发方式控制位。

当 IT0＝0 时，为电平触发方式。

当 IT0＝1 时，为边沿触发方式（下降沿有效）。

（2）IE0（TCON.1），外部中断 0 中断请求标志位。

当 CPU 检测到 $\overline{\text{INT0}}$（P3.2）引脚上出现有效的中断信号时，中断标志 IE0（TCON.1）置 1，向 CPU 申请中断。

（3）IT1（TCON.2），外部中断 1 触发方式控制位。

当 IT1＝0 时，为电平触发方式。

当 IT1＝1 时，为边沿触发方式（下降沿有效）。

（4）IE1（TCON.3），外部中断 1 中断请求标志位。

当 CPU 检测到 $\overline{\text{INT1}}$（P3.3）引脚上出现有效的中断信号时，中断标志 IE1（TCON.3）置 1，向 CPU 申请中断。

（5）TF0（TCON.5），定时/计数器 T0 溢出中断请求标志位。

当定时/计数器 T0 发生溢出时，置位 TF0，并向 CPU 申请中断。

（6）TF1（TCON.7），定时/计数器 T1 溢出中断请求标志位。

当定时/计数器 T1 发生溢出时，置位 TF1，并向 CPU 申请中断。

2. SCON 的中断标志

SCON 是一个 8 位的寄存器，可位寻址，8 位中有 2 位与中断有关。其各位含义如下：

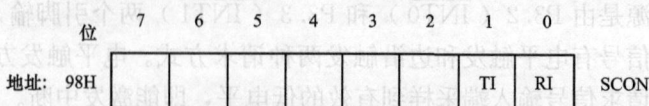

位	7	6	5	4	3	2	1	0	
地址：98H							TI	RI	SCON

（1）RI（SCON.0），串行接口接收中断标志位。当允许串行接口接收数据时，每接收完一个串行帧，由硬件置位 RI。同样，RI 必须由软件清除。

（2）TI（SCON.1），串行接口发送中断标志位。当 CPU 将一个发送数据写入串行接口发送缓冲器时，就启动了发送过程。每发送完一个串行帧，由硬件置位 TI。CPU 响应中断时，不能自动清除 TI，TI 必须由软件清除。

5.2.3　中断的控制

1. 中断允许控制

CPU 对中断系统所有中断及某个中断源的开放和屏蔽是由中断允许寄存器 IE 控制的。其各位含义如下：

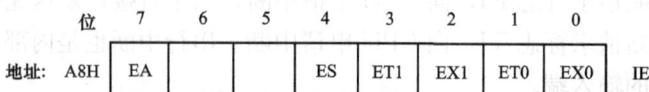

位	7	6	5	4	3	2	1	0	
地址：A8H	EA			ES	ET1	EX1	ET0	EX0	IE

（1）EX0（IE.0），外部中断 0 允许位。当 EX0＝1 时，允许外部中断 0 中断；当 EX0＝0 时，禁止外部中断 0 中断。

（2）ET0（IE.1），定时/计数器 T0 中断允许位。当 ET0＝1 时，允许定时/计数器 T0 中断；当 ET0＝0 时，禁止定时/计数器 T0 中断。

（3）EX1（IE.2），外部中断 1 允许位。当 EX1＝1 时，允许外部中断 1 中断；当 EX1＝0 时，禁止外部中断 1 中断。

（4）ET1（IE.3），定时/计数器 T1 中断允许位。当 ET1＝1 时，允许定时/计数器 T1 中断；当 ET1＝0 时，禁止定时/计数器 T1 中断。

（5）ES（IE.4），串行接口中断允许位；当 ES＝1 时，允许串行接口中断；当 ES＝0 时，禁止串行接口中断。

（6）EA（IE.7），CPU 中断允许（总允许）位。当 EA＝1 时，CPU 开放中断；当 EA＝0 时，CPU 屏蔽所有的中断请求。

对 IE 各位的设置，可利用指令按字节或按位分别进行置位或清零，即实现对各中断源的中断允许或禁止控制。CPU 复位后，IE 中的各位都清零。

2. 中断优先级控制

MCS-51 系列单片机有两个中断优先级，即可实现二级中断服务嵌套。每个中断源的中断优先级都是由中断优先级寄存器 IP 中的相应位的状态来规定的。其各位含义如下：

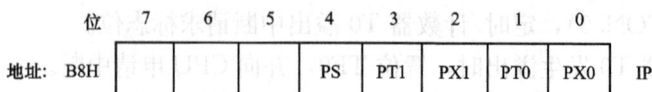

位	7	6	5	4	3	2	1	0	
地址：B8H				PS	PT1	PX1	PT0	PX0	IP

（1）PX0（IP.0），外部中断 0 优先级设定位。当 PX0＝1 时，设定外部中断 0 为高级别中断；当 PX0＝0 时，设定外部中断 0 为低级别中断。

（2）PT0（IP.1），定时/计数器 T0 优先级设定位。当 PT0＝1 时，设定定时/计数器 T0 为高级别中断；当 PT0＝0 时，设定定时/计数器 T0 为低级别中断。

（3）PX1（IP.2），外部中断 1 优先级设定位。当 PX1＝1 时，设定外部中断 1 为高级别中断；当 PX1＝0 时，设定外部中断 1 为低级别中断。

（4）PT1（IP.3），定时/计数器 T1 优先级设定位；当 PT1＝1 时，设定定时/计数器 T1 为高级别中断；当 PT1＝0 时，设定定时/计数器 T1 为低级别中断。

（5）PS（IP.4），串行接口优先级设定位。当 PS＝1 时，设定串行接口为高级别中断；当 PS＝0 时，设定串行接口为低级别中断。

【例 5-1】 设（IP）＝12H。如果 5 个中断同时产生，按怎样次序响应中断？

分析：系统复位后，IP 的低 5 位全部清零，即将所有中断设置为低优先级中断。

同一优先级中的中断申请不止一个时，则有中断优先权排队问题。同一优先级的中断优先权排队，由中断系统硬件确定的自然优先级形成，其顺序见表 5-1。

解： 12H 即 00010010B。定时/计数器 T0 和串行口被设置为高优先级中断，其他 3 个为低优先级中断。

2 个高优先级中断按自然顺序排队，即先响应定时/计数器 T0 中断，后响应串行接口中断。同理，3 个低优先级中断的顺序为外部中断 0、外部中断 1、定时/计数器 T1。

响应顺序为定时/计数器 T0 中断、串行接口中断、外部中断 0、外部中断 1、定时/计数器 T1。

注意：单片机的中断优先级有三条原则：

（1）CPU 同时接收到几个中断时，首先响应优先级别最高的中断请求。

（2）正在进行的中断过程不能被新的同级或低优先级的中断请求所中断。

（3）正在进行的低优先级中断服务，能被高优先级中断请求所中断。

为实现上述后两条原则，中断系统内部设有两个用户不能寻址的优先级状态触发器。其中一个置 1，表示正在响应高优先级的中断，它将阻断后来所有的中断请求；另一个置 1，表示正在响应低优先级中断，它将阻断后来所有的低优先级中断请求。

5.3　中 断 处 理 过 程

中断处理过程可分为中断请求、中断查询和响应、中断处理及中断返回四个步骤。

5.3.1　中断请求

中断请求是由硬件完成的。完成后，相应的中断请求标志位被直接置位。片内中断控制系统在每个机器周期的 S5P2 对两个外部中断信号输入引脚进行采样，根据采样结果来设置中断请求标志状态。

5.3.2　中断查询和响应

1. 中断查询

所谓查询，就是由 CPU 测试 TCON 和 SCON 中各标志位的状态，以确定有无中断请求，以及是哪一个中断请求。MCS-51 系列单片机是在每一个机器的最后一个状态（S6），按优先级顺序对中断请求标志位进行查询。如果查询到有标志位被置位，就在下一个机器周期的 S1 状态开始进行中断响应。

2. 中断响应条件

（1）中断源有中断请求。

（2）CPU 开中断，即 EA＝1。

（3）此中断源的中断允许位为 1。

同时满足时，CPU 才有可能响应中断。

3. 中断响应

中断响应的主要内容是由硬件自动生成一条长调用指令 LCALL addr16，转向被称作中断向量的特定地址单元，进入相应的中断服务程序。中断服务程序入口地址见表 5-1。

观察表 5-1 会发现：相邻两个中断入口地址之间只有 8 个单元。如果中断服务程序的长度超过 8 个字节，就会占用下一个中断的入口地址，导致出错。为此可以在中断入口地址处写一条"LJMP ××××"指令，这样可把中断服务程序放到 ROM 的任何位置。

遇以下任一条件，硬件将受阻，不产生 LCALL 指令。

（1）CPU 正在处理同级或高优先级中断。

（2）当前查询的机器周期不是所执行指令的最后一个机器周期，即在完成所执行指令前，不会响应中断，从而保证指令在执行过程中不被打断。

（3）正在执行的指令为 RET、RETI 或任何访问 IE 或 IP 寄存器的指令。需要在这些指令后面至少再执行一条指令时才能接受中断请求。

CPU 响应中断后，应该撤消中断请求，否则会再次引起中断。

4. 中断响应时间

中断响应时间是指从中断响应有效，到转向中断服务程序的入口地址所需时间。以 80C51 单片机的外部中断为例，单片机在每个机器采样外部中断请求信号，如果有效，就将对应的中断标志位置位，至下一周期才按优先级顺序进行查询。在满足中断响应条件后，CPU 响应中断，要执行一条三个机器周期的调用指令，转入中断服务程序入口，进入中断服务。因此，从外部中断请求有效到开始执行中断服务程序，至少要 3 个完整的机器周期。CPU 执行不同指令时，中断响应时间也不同。

5.3.3　中断处理

中断处理就是执行中断服务程序。中断服务程序是根据中断源的处理要求或是用户为实现某种功能而设计的程序。每个中断源都有自己的中断服务程序。在编写中断服务程序时，要注意现场保护和现场恢复。

所谓现场是指中断时刻单片机存储单元的数据或状态，有些数据和状态是不能丢失的，为避免主程序的数据和状态在执行中断服务程序中被破坏，要先把它们送入堆栈中保护起来，这就是现场保护。现场保护要位于中断服务程序的开头。中断服务程序结束后，在返回主程序之前必须把保存在堆栈中的内容弹出，以恢复那些存储单元的内容，这就是现场恢复。现场恢复位于中断服务程序的末尾，RETI 指令之前。

5.3.4　中断返回

中断服务程序的最后一条指令必须是 RETI 指令，CPU 执行 RETI 指令时完成以下两个任务。

（1）将中断响应时压入堆栈保存的断点地址从栈顶弹出送回 PC，CPU 从原来中断的地方继续执行程序。

（2）将相应中断优先级状态触发器复位。

注意，不能用 RET 指令代替 RETI 指令。因为 RET 指令不能将相应中断优先级状态触发器复位。另外，在中断服务程序中 PUSH 指令与 POP 指令必须成对使用，否则不能正确返回断点。

5.4　中断程序举例

【例 5-2】　利用外中断 $\overline{INT0}$ 边沿触发方式实现紧急状态的处理和报警。

解： 实现该功能的模拟电路如图 5-3 所示。

按钮 K1 模拟传感器的输出，正常时 $\overline{INT0}$ 引脚为高电平，按下 K1，$\overline{INT0}$ 引脚变为低电平，即产生一下降沿，作为外中断请求信号。控制信号以 P1.0 引脚所接的发光二极管 LED 来指示，无信号 LED 灭，有信号后 LED 亮，发出告警信号。

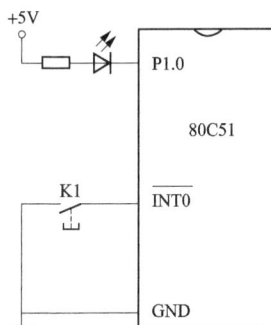

图 5-3　报警电路

参考程序如下：

```
        ORG   0000H
        AJMP  MAIN
        ORG   0003H      ；外部中断 0 入口地址
        LJMP  FW0        ；转至中断服务程序
        ORG   0030H
MAIN:   MOV SP,#40H      ；设置堆栈指针
        MOV P1,#0FFH     ；灯 LED 灭
        MOV P3,#0FFH     ；INT0 引脚置高电平
        SETB  IT0        ；设置下降沿触发方式
        SETB  EA         ；打开中断总允许位
        SETB  EX0        ；打开外部中断 0 允许位
        SJMP  $          ；动态停机
FW0:                     ；中断服务程序
        CPL P1.0         ；改变 P1.0 状态
        RETI             ；中断返回
        END
```

【例 5-3】　扩展外部中断源。

设有 5 个外部中断源，中断优先级排队顺序为 W0、W1、W2、W3、W4。试设计它们与 80C51 单片机的接口。

解： 80C51 单片机只有 2 个外部中断信号输入引脚，而本例有 5 个外部中断源，解决办法：利用单片机的 P1 接口，按优先级分别连接 4 个外中断源，如图 5-4 所示。编写程序时，按优先级别由高到低依次查

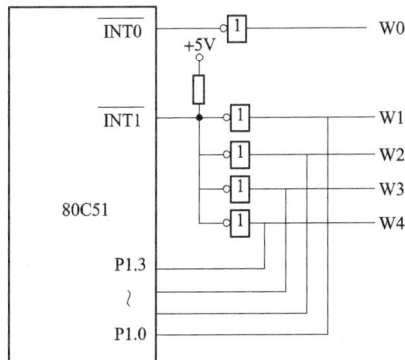

图 5-4　[例 5-3] 实现电路

询 P1 接口的各引脚,如果有中断请求,就按级别转至相应的中断处理程序。

参考程序如下:

```
        ORG   0003H
        LJMP  LP0        ；转外部中断 0 服务程序入口
        ORG   0013H
        LJMP  LP1        ；转外部中断 1 服务程序入口
        …
        …
LP0:    PUSH  PSW        ；W0 中断服务程序
        PUSH  ACC
        …
        …
        POP   ACC
        POP   PSW
        RETI
LP1:    PUSH  PSW        ；中断服务程序
        PUSH  ACC
        JB    P1.0,FW1    ；P1.0 为 1,转 W1 中断服务程序
        JB    P1.1,FW2    ；P1.1 为 1,转 W2 中断服务程序
        JB    P1.2,FW3    ；P1.2 为 1,转 W3 中断服务程序
        JB    P1.3,FW4    ；P1.3 为 1,转 W4 中断服务程序
LP3:    POP   ACC
        POP   PSW
        RETI
FW1:    …                ；W1 中断服务程序
        AJMP  LP3
FW2:    …                ；W2 中断服务程序
        AJMP  LP3
FW3:    …                ；W3 中断服务程序
        AJMP  LP3
FW4:    …                ；W4 中断服务程序
        AJMP  LP3
```

本 章 小 结

(1) CPU 与外部设备之间进行信息交换有四种方式:无条件传送方式、程序查询传送方式、中断传送方式及直接存储器存取(DMA)方式。

(2) 中断是指 CPU 在执行主程序时,发生了异常情况或特殊事件,请求 CPU 迅速去处理;CPU 暂时中断当前程序的运行,转去处理紧急事件;待 CPU 处理完毕后,又自动返回原来的程序继续运行,这一过程称为中断。

(3) MCS-51 系列单片机有 5 个中断源,可提供两个中断优先级,即实现两级中断嵌

套。5 个中断源对应 5 个固定的中断入口地址：0003H、000BH、0013H、001BH、0023H。

（4）5 个中断源，分为三类，即两个外部输入中断源、两个定时溢出中断源和一个串行接口发送或接收中断源。

（5）与中断有关的特殊功能寄存器：中断请求标志寄存器 TCON 和 SCON；中断允许寄存器 IE 和中断优先级控制寄存器 IP。

（6）中断处理过程可分为中断请求、中断查询和响应、中断处理及中断返回四个步骤。

（7）MCS-51 系列单片机响应中断的条件为中断源有中断请求；中断源的中断允许位为 1；CPU 开中断。只有同时满足时，CPU 才有可能响应中断。

思考与练习题

一、判断题

1. 80C51 单片机的 5 个中断源相应地在芯片上都有中断请求输入引脚。　　（　　）

2. 80C51 单片机对最高优先权的中断响应是无条件的。　　（　　）

3. 中断初始化时，对中断控制寄存器状态的设置，只可使用位操作指令，而不能使用字节操作指令。　　（　　）

4. MCS-51 系列单片机系统复位后，中断请求标志 TCON 和 SCON 中各位均为 0。

　　（　　）

5. MCS-51 系列单片机的中断允许寄存器的 IE 的作用是用来对各中断源进行开放或屏蔽的控制。　　（　　）

6. 用户在编写中断服务程序时，应在中断入口地址存放一条无条件转移指令，以防止中断服务程序容纳不下。　　（　　）

7. 若要在执行当前中断程序时禁止更高优先级中断，应用软件关闭 CPU 中断，或屏蔽更高级中断源的中断，在中断返回时再开放中断。　　（　　）

二、单项选择题

1. 当 CPU 响应外部中断 0 的中断请求后，程序计数器 PC 的内容是_____。

　　A. 0003H　　　　　B. 000BH　　　　　C. 00013H　　　　　D. 001BH

2. MCS-51 系列单片机在同一级别里除串行接口外，级别最低的中断源是_____。

　　A. 外部中断 1　　　B. 定时器 T0　　　C. 定时器 T1　　　D. 串行接口

3. 当外部中断 0 发出中断请求后，中断响应的条件是_____。

　　A. SETB ET0　　　　　　　　　　　B. SETB EX0

　　C. MOV IE，#81H　　　　　　　　　D. MOV IE，#61H

4. 执行中断处理程序最后一条指令 RETI 后，_____。

　　A. 程序返回到 ACALL 的下一条　　B. 程序返回到 LCALL 的下一条

　　C. 程序返回到主程序开始处　　　　D. 程序返回到响应中断时指令的下一条

三、问答题

1. 什么是中断？中断与子程序调用有何不同？

2. 80C51 单片机有几个中断源？各中断标志是如何产生的？又是如何复位的？

3. 程序存储器的空间里，有 5 个单元是特殊的，这 5 个单元对应 MCS-51 系列单片机 5

个中断源的中断入口地址，请写出这些单元的地址及对应的中断源。

4. 某系统有三个外部中断源 1、2、3，当某一中断源变低电平时便要求 CPU 处理，它们的优先处理次序由高到低为 3、2、1，处理程序的入口地址分别为 2000H、2100H、2200H。试编写主程序及中断服务程序（转至相应的入口即可）。

5. CPU 响应中断的条件是什么？

6. 能否用 RET 指令来执行中断返回？

7. 中断处理过程中，断点地址是什么？保护在何处？

第 6 章 MCS-51 系列单片机的定时/计数器

在日常生活中，经常用到定时和计数的概念，如用闹钟设定起床时间、重大活动的倒计时等都是定时的例子，而统计参加运动会检阅的人数、清点货物的数量等是计数的例子。在一些自动控制系统中，也经常需要定时和计数来对系统进行控制，如交通信号灯的控制、电子时钟等。

在单片机应用系统中，定时和计数是不可少的，常采用下面三种方法。

1. 软件定时

软件定时是通过调用一个循环程序来实现的。该程序通过正确选择指令和安排循环次数来实现定时。计数则可通过外部中断来实现。软件定时不占用硬件资源，但占用了 CPU 时间，降低了 CPU 的利用率。

2. 不可编程的硬件定时

例如采用 555 电路，外接必要的元器件（电阻和电容）即可构成硬件定时电路。但在硬件连接好后，定时值与定时范围不能由软件进行控制和修改，即不可编程，因此在使用上不够灵活方便。

3. 可编程定时器定时

这种定时芯片的定时值及定时范围很容易用软件来确定和修改，此种芯片定时功能强，使用灵活。在单片机的定时/计数器不够用时，可考虑进行扩展。

6.1 定时/计数器的结构

6.1.1 定时/计数器的结构

以 80C51 单片机为例，它有两个可编程的定时/计数器，每个定时/计数器都有一个 16 位加 1 计数器，由高 8 位和低 8 位两个寄存器组成。定时/计数器的结构如图 6-1 所示。

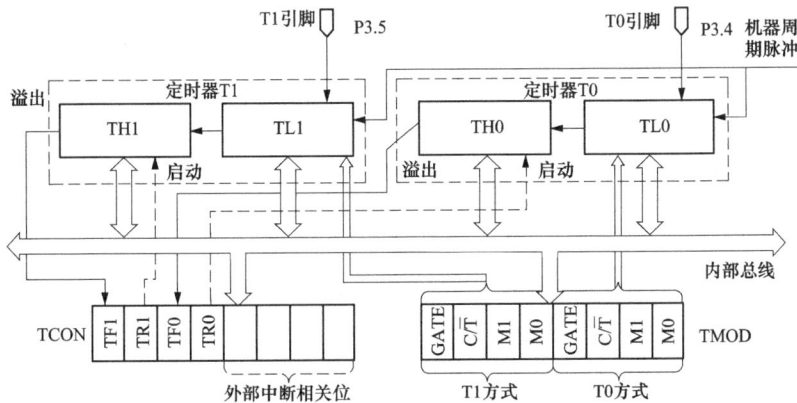

图 6-1 定时/计数器结构框图

图 6-1 中 TMOD 是定时/计数器的工作方式寄存器，确定工作方式和功能。TCON 是控制寄存器，控制 T0、T1 的启动和停止及设置溢出标志。

6.1.2　定时与计数功能

1. 计数功能

外部事件计数脉冲由 T0 或 T1 引脚输入到计数器。在每个机器周期的 S5P2 期间采样 T0、T1 引脚电平。当某周期采样到一高电平输入，而下一周期又采样到一低电平时，则计数器加 1，更新的计数值在下一个机器周期的 S3P1 期间装入计数器。

由于检测一个从 1 到 0 的下降沿需要 2 个机器周期，因此要求被采样的电平至少要维持一个机器周期。

当晶振频率为 12MHz 时，最高计数频率不超过 1/24MHz，即计数脉冲的周期要大于 $2\mu s$。

2. 定时功能

定时功能实际上也是通过计数器计数来实现的。此时的加 1 计数器是对内部机器周期计数（1 个机器周期等于 12 个振荡周期，即计数频率为晶振频率的 1/12）。计数值 N 乘以机器周期 T_{cy} 就是定时时间 t。例如，如果单片机采样 6MHz 晶振，则分频后的脉冲时间间隔为 $2\mu s$，即计数器每 $2\mu s$ 加 1，这样通过计数值就可计算出定时时间。同样如果已知定时时间也可计算出计数器的初值。

在定时和计数两种功能中，都是每来一个脉冲，加 1 计数器就加 1，只不过脉冲的来源不同。当加到定时/计数器全 1 时，再来一个计数脉冲就使其回到全 0（溢出），溢出脉冲使定时中断请求标志 TF0 或 TF1 置 1。如两个 16 位计数器，它的最大值为 65535(0FFFFH)。当达到其最大值时，如果此时再加 1，就会使 16 位计数器的值变为 0，并使 TF0 或 TF1 置 1，产生溢出。

6.2　定时/计数器的控制

6.2.1　工作方式寄存器 TMOD

工作方式寄存器 TMOD 一个 8 位的特殊功能寄存器，是用于设置定时/计数器的工作方式，不能位寻址。其低四位用于控制定时/计数器 T0，高四位用于控制定时/计数器 T1。其各位含义如下：

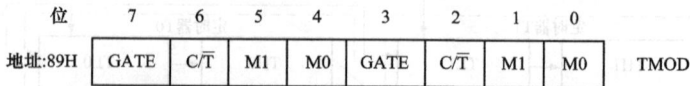

位	7	6	5	4	3	2	1	0	
地址:89H	GATE	C/$\overline{\text{T}}$	M1	M0	GATE	C/$\overline{\text{T}}$	M1	M0	TMOD

（1）C/$\overline{\text{T}}$ = 0：定时/计数模式选择位。

当 C/$\overline{\text{T}}$ = 0 时，为定时模式；当 C/$\overline{\text{T}}$ = 1 时，为计数模式。

（2）M1M0：工作方式设置位。

M1M0＝00，为方式 0，13 位定时/计数器；

M1M0＝01，为方式 1，16 位定时/计数器；

M1M0＝10，为方式 2，8 位自动重装定时/计数器；

M1M0＝11，为方式 3，T0 分成 2 个 8 位定时/计数器，T1 停止计数。

（3）GATE：门控位。

GATE＝0 时，只要用软件使 TCON 中的 TR0 或 TR1 为 1，就可启动定时/计数器工作；GATE＝1 时，要用软件使 TR0 或 TR1 为 1，同时外部中断引脚也为高电平时，才能启动定时/计数器工作。

6.2.2　定时控制寄存器 TCON

TCON 是一个 8 位的特殊功能寄存器，可位寻址。它除可作为中断标志寄存器外，还可启动定时/计数器工作。其各位含义如下：

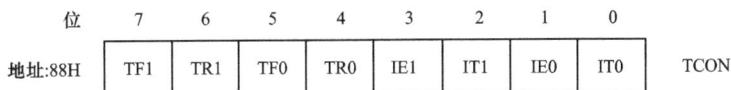

位	7	6	5	4	3	2	1	0	
地址:88H	TF1	TR1	TF0	TR0	IE1	IT1	IE0	IT0	TCON

（1）TF1(TCON.7)：T1 溢出中断请求标志位。T1 计数溢出时由硬件自动置 TF1 为 1。CPU 响应中断后 TF1 由硬件自动清 0。

（2）TR1(TCON.6)：T1 运行控制位。TR1 置 1 时，T1 开始工作；TR1 置 0 时，T1 停止工作。TR1 由软件置 1 或清 0。所以，用软件可控制定时/计数器的启动与停止。

（3）TF0(TCON.5)：T0 溢出中断请求标志位，其功能与 TF1 类同。

（4）TR0(TCON.4)：T0 运行控制位，其功能与 TR1 类同。

6.3　定时/计数器的工作方式

6.3.1　方式 0

方式 0 为 13 位的计数结构，由 TL0(TL1) 的低 5 位（高 3 位未用）和 TH0(TH1) 的 8 位组成。TL0(TL1) 的低 5 位溢出时向 TH0(TH1) 进位，TH0(TH1) 溢出时，置位 TCON 中的 TF0(TF1) 标志，向 CPU 发出中断请求。下面以定时/计数器 T0 的结构为例来说明其操作方法，其结构如图 6-2 所示。

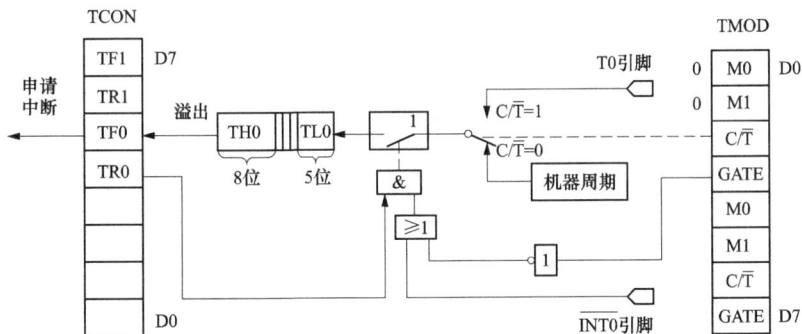

图 6-2　定时/计数器 T0 的方式 0 结构框图

当 C/$\overline{T}$ ＝ 0 时，多路开关与内部时钟电路相连，定时/计数器 T0 对机器周期计数，为定时功能。定时器的初值计算方法如下：

先计算计数个数：$N = t / T_{cy}$

其中，t 表示定时时间；T_{cy} 表示机器周期。

然后计算计数初值：$X = 2^{13} - N$

方式 0 的最小定时时间为 $[2^{13}-(2^{13}-1)]T_{cy}$；

方式 0 的最大定时时间为 $(2^{13}-0)\times T_{cy}$。

【例 6-1】 如果设晶振频率为 6MHz，定时/计数器 T0 工作于方式 0 定时为 10ms，试计算初值？

解： 因为晶振频率为 6MHz

所以机器周期 $T_{cy}=2\mu s$

计数个数 $N=\dfrac{t}{T_{cy}}=\dfrac{10}{2\times10^{-3}}=5000$

则计数初值 $X=2^{13}-N=8192-5000=3192=0C78H$

$$(TH0)=0CH,(TL0)=78H$$

当 $C/\overline{T}=1$ 时，多路开关与外部引脚 T0 相连，定时/计数器 T0 对外部计数脉冲计数，为计数功能。当外部引脚上的信号电平发生 1 到 0 的跳变时，计数器加 1。

方式 0 的计数范围为 $1\sim8192(2^{13})$。

门控位 GATE 具有特殊的作用。当 GATE=0 时，经反相后使或门输出为 1，此时仅由 TR0 控制与门的开启，与门输出 1 时，控制开关接通，计数开始；当 GATE=1 时，由外中断引脚信号控制或门的输出，此时控制与门的开启由外中断引脚信号和 TR0 共同控制。当 TR0=1 时，外中断引脚信号的高电平启动计数，外中断引脚信号的低电平停止计数。这种方式常用来测量外中断引脚上正脉冲的宽度。

在实际应用中，如果需要更长的定时时间或更大的计数范围，可通过编程进行循环定时或循环计数来实现。

6.3.2　方式 1

方式 1 的计数位数是 16 位，其设置和使用方法与方式 0 完全相同，唯一的差别是定时/计数器由 TL0(TL1) 作为低 8 位、TH0(TH1) 作为高 8 位，组成了 16 位加 1 计数器，定时/计数器 T0 的结构如图 6-3 所示。

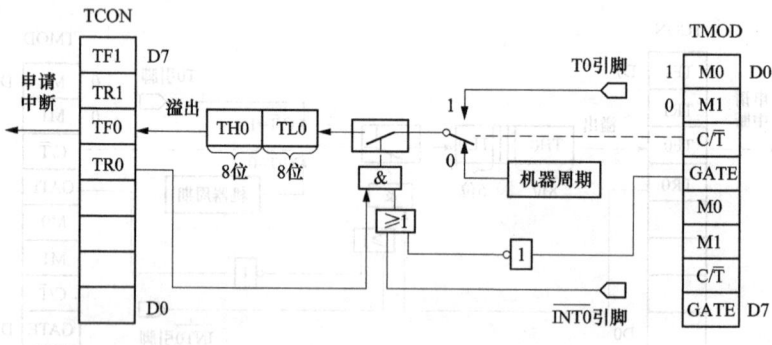

图 6-3　定时/计数器 T0 的方式 1 结构框图

计数个数与计数初值的关系为 $X=2^{16}-N$

方式 1 的最小定时时间为 $[2^{16}-(2^{16}-1)]T_{cy}$；

方式 1 的最大定时时间为 $(2^{16}-0)\times T_{cy}$；

方式 1 的计数范围为 $1\sim65536(2^{16})$。

同样，如果需要更长的定时时间或更大的计数范围，可通过编程进行循环定时或循环计数来实现。

6.3.3　方式 2

方式 2 为自动重装初值的 8 位计数方式。定时/计数器 T0 和定时/计数器 T1 的结构和操作完全相同，以定时/计数器 T0 为例，其结构如图 6-4 所示。

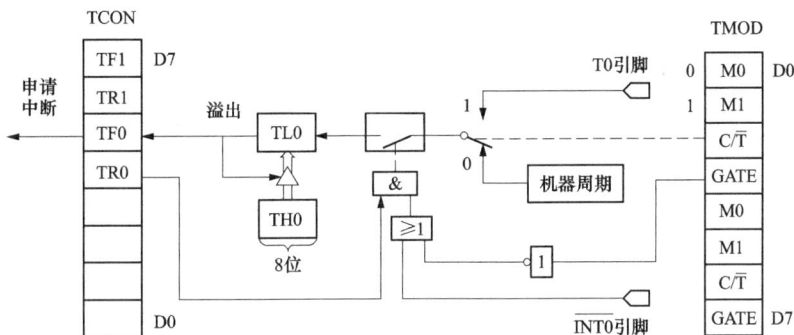

图 6-4　定时/计数器 T0 的方式 2 结构框图

方式 2 用 TL0(TL1) 作为 8 位计数器，而 TH0(TH1) 作为预置寄存器来保存预置计数初值。程序初始化时，把计数初值分别装入 TL0(TL1) 和 TH0(TH1) 中。在操作过程中，当 TL0(TL1) 计数溢出时，便置位 TF0(TF1)，同时 TH0(TH1) 自动将保存的初值重新装入 TL0(TL1) 中，定时/计数器又开始新一轮的计数，如此循环下去。

计数个数与计数初值的关系为 $X = 2^8 - N$

方式 2 的最小定时时间为 $[2^8 - (2^8 - 1)]T_{cy}$；

方式 2 的最大定时时间为 $(2^8 - 0) \times T_{cy}$；

方式 2 的计数范围为 $1 \sim 256(2^8)$。

由方式 2 的特点可知，它特别适合于用作较精确的脉冲信号发生器。

6.3.4　方式 3

方式 3 只适用于定时/计数器 T0，定时/计数器 T1 处于方式 3 时相当于 TR1＝0，停止计数。定时/计数器 T0 在方式 3 下被拆成两个独立的 8 位计数器 TH0 和 TL0，其结构如图 6-5 所示。

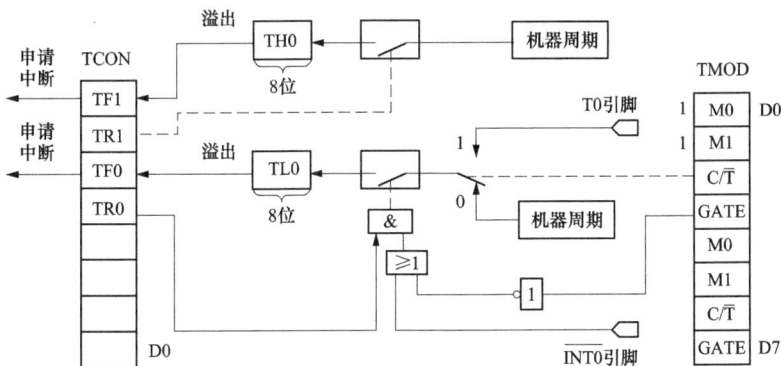

图 6-5　定时/计数器 T0 方式 3 结构框图

TL0 使用定时/计数器 T0 的控制位和引脚信号，由图 6-5 可知，其功能操作与方式 0 和方式 1 完全相同，可用于定时，也可用于计数。

TH0 只用作简单的内部定时功能，它使用定时/计数器 T0 的 TR1 和 TF1，同时占用它的中断源。

在定时/计数器 T0 工作于方式 3 时，定时/计数器 T1 可设置为方式 0、方式 1 和方式 2。由于 TR1 和 TF1 被定时/计数器 T0 占用，此时仅有控制位 C/$\overline{T}$ 切换定时和计数工作方式，计数器溢出时可将其送至串行接口。由此可见，定时/计数器 T1 一般用作串行接口的波特率发生器。当设置好工作方式后，T1 自动开始工作，若要停止计数，只需要将定时/计数器 T1 设置为方式 3。

6.4　定时/计数器的应用举例

定时/计数器是可编程的，其编程要点有两个：一是对定时/计数器初始化；二是找出合理的定时初值，装入 TH0 和 TL0(TH1 和 TL1) 中。

所谓的定时/计数器初始化就是对它的工作方式、启动方式、是否中断、装入初值等，进行编程设定。初始化的步骤如下：

（1）对 TMOD 赋值，以确定 T0 和 T1 的工作方式。

（2）计算初值，并将其写入 TH0、TL0 或 TH1、TL1。

（3）中断方式时，则对 IE 赋值，开放中断。

（4）使 TR0 或 TR1 置位，启动定时/计数器定时或计数。

虽然定时/计数器溢出时，既可用查询方法也可用中断方法判断，但由于查询方法增加了 CPU 的额外开销，降低了 CPU 的利用率和实时性，所以一般采用中断方法判断计数器的溢出。

【例 6-2】　利用定时/计数器 T0 的方式 1，产生 10ms 的定时，并使 P1.0 引脚上输出周期为 20ms 的方波，采用中断方式，设系统时钟频率为 12 MHz。

解：

1. 计算计数初值 X

由于晶振为 12MHz，所以机器周期 T_{cy} 为 1μs。

计数个数 $N = t/T_{cy} = 10 \times 10^{-3}/1 \times 10^{-6} = 10\ 000$。

初值 $X = 65\ 536 - 10\ 000 = 55\ 536 = 0D8F0H$。

即应将 0D8H 送入 TH0 中，0F0H 送入 TL0 中。

2. 求 T0 的方式控制字 TMOD

根据题目要求，M1M0 = 01，GATE = 0，C/$\overline{T}$ = 0，可取方式控制字为 01H；

具体程序如下：

```
        ORG   0000H
        LJMP  MAIN              ；跳转到主程序
        ORG   000BH             ；T0 的中断入口地址
        LJMP  DVT0              ；转向中断服务程序
        ORG   0100H
```

```
MAIN:   MOV    TMOD,#01H          ;置 T0 工作于方式 1
        MOV    TH0,#0D8H          ;装入计数初值
        MOV    TL0,#0F0H
        SETB   ET0                ;T0 开中断
        SETB   EA                 ;CPU 开中断
        SETB   TR0                ;启动 T0
        SJMP   $                  ;等待中断
DVT0:   CPL    P1.0               ;P1.0 取反输出
        MOV    TH0,#0D8H          ;重新装入计数值
        MOV    TL0,#0F0H
        RETI                      ;中断返回
        END
```

【例 6-3】 利用定时/计数器 T1，采用工作方式 2，使 P1.1 引脚输出 1ms 的方波。设系统时钟频率为 6MHz。

解：

1. 计算计数初值 X

由于晶振为 6MHz，所以机器周期 T_{cy} 为 2μs。

题目要求输出 1ms 的方波，即定时时间为 500μs。

计数个数 $N=t/T_{cy}=500/2=250$。

初值 $X=256-250=06=06H$。

即应将 06H 送入 TH1 和 TL1 中。

2. 求 T1 的方式控制字 TMOD

根据题目要求，M1M0＝10，GATE＝0，C/T＝0，可取方式控制字为 20H；

具体程序如下：

```
        ORG    0000H
        LJMP   MAIN               ;跳转到主程序
        ORG    001BH              ;T1 的中断入口地址
        CPL    P1.1               ;P1.1 取反输出
        RETI                      ;中断返回
        ORG    0100H
MAIN:   MOV    TMOD,#20H          ;置 T1 工作于方式 2
        MOV    TH1,#06H           ;装入计数初值
        MOV    TL1,#06H
        SETB   ET1                ;开放 T1 中断
        SETB   EA                 ;CPU 开中断
        SETB   TR1                ;启动 T1
        SJMP   $
        END
```

【例 6-4】 用定时/计数器 T0 以方式 2 计数，要求每计满 100 次进行累加器加 1 操作。

解：

1. 计算初值 X

题目要求每计满 100 次进行累加器加 1，即计数初值为
$$X=256-100=156=9CH$$

2. 求 T0 的方式控制字 TMOD

M1M0＝10，GATE＝0，C/T＝1，可取方式控制字为 06H

具体程序如下：

```
        ORG   0000H
        LJMP  MAIN              ；跳转到主程序
        ORG   000BH             ；T0 的中断入口地址
        INC   A                 ；累加器加 1
        RETI                    ；中断返回
        ORG   0050H
MAIN:   MOV   TMOD,＃06H         ；置 T0 工作于方式 2
        MOV   TH0,＃9CH          ；装入计数初值
        MOV   TL0,＃9CH
        SETB  ET0               ；开放 T0 中断
        SETB  EA                ；CPU 开中断
        SETB  TR0               ；启动 T0
        SJMP  $
        END
```

本 章 小 结

（1）单片机的定时/计数器有定时和计数两种功能。工作于定时方式时是对内部机器周期计数；工作于计数方式时是对外部事件计数。

（2）定时/计数器的控制利用工作方式控制寄存器 TMOD 和定时控制寄存器 TCON。

（3）定时/计数器有方式 0、方式 1、方式 2 和方式 3 四种工作方式。

（4）单片机的定时/计数器是可编程的，其编程要点有两个：一是对定时/计数器初始化；二是将定时初值装入 TH0 和 TL0(TH1 和 TL1) 中。

（5）定时/计数器溢出时，既可用查询方法也可用中断方法判断。一般采用中断方法判断计数器的溢出。

思考与练习题

一、判断题

1. 在 MCS-51 系列单片机内部结构中，TMOD 为方式控制寄存器，主要用来控制定时器的启动与停止。　　　　　　　　　　　　　　　　　　　　　　　　　（　　）

2. 若置 80C51 单片机的定时/计数器 T1 于定时模式，工作于方式 2，则工作方式字为 20H。　　　　　　　　　　　　　　　　　　　　　　　　　　　　　　（　　）

3. 启动定时/计数器 T1 开始工作，可使用 SETB TR1 指令启动。　　　　　（　　）

二、单项选择题

1. 80C51 单片机的定时/计数器 T1 用作定时方式时是_____。

    A. 由内部时钟频率定时，一个时钟周期加 1

    B. 由内部时钟频率定时，一个机器周期加 1

    C. 由外部时钟频率定时，一个时钟周期加 1

    D. 由外部时钟频率定时，一个机器周期加 1

2. 80C51 单片机的定时/计数器 T1 用作计数方式时计数脉冲是_____。

    A. 外部计数脉冲由 T1(P3.5) 输入   B. 外部计数脉冲由内部时钟频率提供

    C. 外部计数脉冲由 T0(P3.4) 输入   D. 由外部计数脉冲计数

3. 用 80C51 单片机的定时/计数器 T1 作定时方式，工作于方式 1，则初始化编程为_____。

    A. MOV   TOMD, #01H   B. MOV   TOMD, #50H

    C. MOV   TOMD, #10H   D. MOV   TCON, #02H

4. 启动定时/计数器 T0 开始计数的指令是使 TCON 的_____。

    A. TF0 位置 1   B. TR0 位置 1   C. TR0 位置 0   D. TR1 位置 0

5. 使 80C51 单片机的定时/计数器 T0 停止计数的指令是_____。

    A. CLR TR0   B. CLR TR1   C. SETB TR0   D. SETB TR1

6. 当 CPU 响应定时/计数器 T1 的中断请求后，程序计数器 PC 的内容是_____。

    A. 0003H   B. 000BH   C. 00013H   D. 001BH

7. 用定时/计数器 T1 方式 1 计数，要求每计满 10 次产生溢出标志，则 TH1、TL1 的初始值是_____。

    A. FFH、F6H   B. F6H、F6H   C. F0H 、F0H   D. FFH、F0H

三、问答题

1. 80C51 单片机内部有几个定时/计数器？

2. 定时/计数器工作于定时和计数方式时有何异同点？

3. 定时/计数器的 4 种工作方式各有何特点？

4. 当定时/计数器 T0 用作方式 3 时，定时/计数器 T1 可以工作在何种方式下？如何控制 T1 的开启和关闭？

5. 设单片机系统的晶振频率为 6MHz，当定时/计数器处于不同工作方式时，其最大定时范围。

四、编程实现

1. 要求从 P1.7 引脚输出 2000Hz 方波，晶振频率为 12MHz。

2. 利用定时/计数器 T0 从 P1.0 输出周期为 500ms，脉宽为 20ms 的正脉冲信号，晶振频率为 12MHz。

3. 利用定时/计数器 T0 产生定时时钟，由 P1 接口控制 8 个指示灯，使 8 个指示灯依次一个一个闪动，闪动频率为 20 次/s(8 个灯依次亮一遍为一个周期)。

第 7 章　MCS-51 系列单片机的串行接口

7.1　串行接口的基本概念

随着微型计算机的发展，其应用已从单机逐渐转向多机或联网，而多机应用的关键又在于微机之间的相互通信，互传数据信息。

在微型计算机系统中，CPU 与外设之间、计算机与计算机之间的基本通信方式有两种：

（1）并行通信——数据的各位同时传送。

（2）串行通信——数据逐位顺序传送。

图 7-1 和图 7-2 是这两种通信方式的示意。如计算机与存储器、存储器与存储器、计算机与打印机之间的通信就属于并行通信。从图 7-1 可看到，在并行通信中，数据有多少位就需要多少条传送线，其特点是传输速度快，不适合远距离传输。而串行通信只需要一对传送线，如图 7-2 所示，故串行通信能节省传输线，特别是当数据位数很多和远距离数据传送时，这一优点更加突出。但串行通信与并行通信相比，传送速度慢。

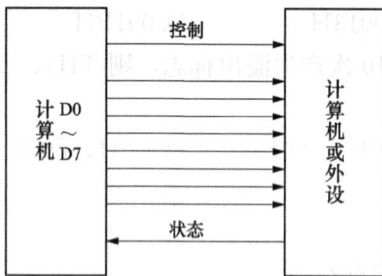

图 7-1　并行通信方式　　　　　　　　　图 7-2　串行通信方式

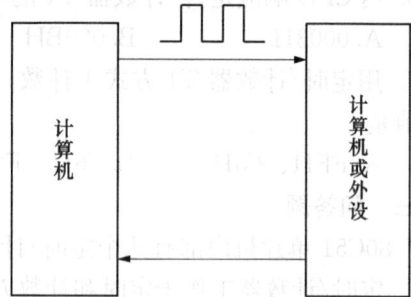

7.1.1　串行通信的类型

串行通信是指将构成字符的每个二进制数据位，依据一定的顺序逐位进行传送的通信方法。串行通信中，数据在传输线上的传送方式有单工、半双工、全双工三种通信方式，如图 7-3 所示。

1. 单工方式

在单工（Simplex）方式下，只允许数据按照一个固定的方向传送。如图 7-3（a）所示，A 为发送端，B 为接收端，数据只能由 A 端传送到 B 端。

2. 半双工方式

在半双工（Half Duplex）方式下，数据能从 A 端传送到 B 端，也能从 B 端传送到 A 端，但是不能同时在两个方向上传送，即每次只能一端发送，另一端接收，如图 7-3（b）所示。在这种方式中，图 7-3（b）中的收发开关并不是实际的物理开关，而是由软件控制的电子开关，传输线二端通过半双工通信协议进行功能切换。

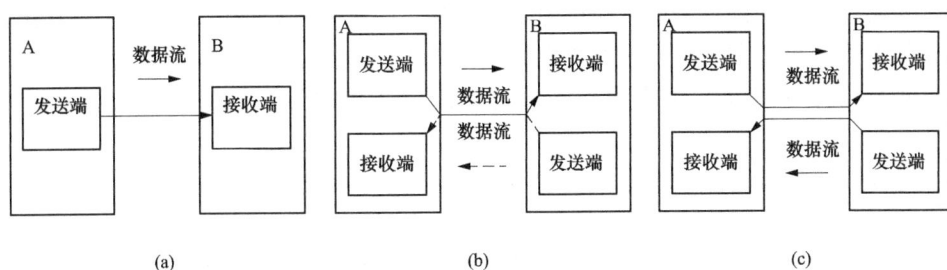

图 7-3　串行通信方式

（a）单工方式；（b）半双工方式；（c）全双工方式

3. 全双工方式

全双工（Full-duplex）方式就是数据可同时在两个方向传送，如图 7-3(c) 所示。全双工方式不是交替发送和接收，而是可同时发送和接收，即数据通信端在发送的同时还可接收对方送来的信息。

MCS-51 系列单片机的串行通信是全双工方式，可随时发送或接收信息。但实际应用中，一般让它工作在半双工方式，这种方式简单。

7.1.2　串行通信的基本形式

在串行通信中，有异步通信和同步通信两种基本的通信方式。

1. 异步通信

异步通信是以字符为单位传送数据，字符间隔不固定，所传送的数据之间也是不连续的。发送端和接收端之间按帧传送数据，每个数据以相同的帧格式传送，两端可由各自独立的时钟控制数据的发送和接收，这两个时钟互不同步。

在异步通信中，接收端依据字符格式来判断发送端何时开始发送数据、何时结束发送数据。异步通信规定的字符数据的传送格式如图 7-4 所示。

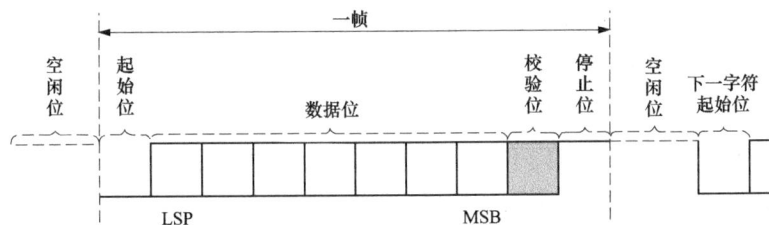

图 7-4　异步通信数据格式

每一帧信息由起始位、数据位、校验位和停止位组成。

（1）起始位。在通信线上没有数据传送时处于逻辑"1"状态（高电平）。当发送端要发送一个字符数据时，首先发出一个逻辑"0"信号，这个逻辑低电平就是起始位。起始位通过传输线传向接收端，当接收端检测到这个逻辑低电平后，就开始准备接收数据位信号。因此，起始位所起的作用就是表示字符传送开始。

（2）数据位。当接收端收到起始位后，紧接着就会收到数据位。数据位的个数可以是 5、6、7 或 8 位的数据。在字符数据传送过程中，数据位从最小有效位（最低位 LSB）开始传送。

（3）校验位。数据校验采用奇偶校验。奇偶校验用于有限差错检测，通信双方在通信时须约定一致的奇偶校验方式。就数据传送而言，奇偶校验位是冗余位，但它表示数据的一种性质。这种性质用于检错，虽有限但很容易实现。在数据位发送完之后，可发送奇偶校验位。

（4）停止位。在校验位或数据位（当无奇偶校验时）之后发送的是停止位，可以是1位、1位半或2位。停止位是一个字符数据的结束标志。

在发送间隙，即空闲时，通信线路总是处于逻辑"1"状态（空闲位），使线路处于等待状态，这个可由用户自己来规定。接收端不断检测线路的状态，若连续为高电平"1"后又检测到一个低电平"0"，就知道新的字符数据传送开始。

异步通信的特点是不要求收发双方时钟的严格一致，实现容易，设备开销较小，但每个字符要附加2～3位用于起止，各帧之间还有间隔，因此传输效率不高。

2. 同步通信

在异步通信中，每一个字符要用起始位和停止位作为字符开始和结束的标志，这样占用了时间。所以在数据块传送时，为提高通信速度，常去掉这些标志，而采用同步传送，同步通信不像异步通信那样，靠起始位在每个字符数据开始时使发送和接收同步，而是通过同步字符在每个数据块传送开始时使收/发双方同步，其通信格式如图7-5所示。

同步字符1	同步字符2	n个数据字节	校验字节1	校验字节2

图7-5　同步通信数据格式

（1）以同步字符作为传送的开始，从而使收/发双方取得同步。

（2）每位占用的时间都相等。

（3）字符数据之间不允许有空隙，当线路空闲或没有字符可发时，发送同步字符。

同步字符可由用户选择一个或两个特殊的8位二进制码作为同步字符。与异步通信收/发双方必须使用相同的字符格式一样，同步通信的收/发双方必须使用相同的同步字符。

同步通信的特点是以同步字符或特定的位组合如"01111110"作为帧的开始，所传输的一帧数据可以是任意位。所以传输的效率较高，但实现的硬件设备比异步通信复杂。

在实际应用中，异步通信常用于传输信息量不太大、传输速度较低的场合，如每秒50～9600位，在信息量很大，传输速度要求较高的场合，常采用同步通信，速度可达每秒800 000位。

MCS-51系列单片机的串行接口采用异步通信方式。

3. 信号的调制与解调

计算机的通信要求传送的是数字信号（方波脉冲序列），它要求通信媒介（如电缆、双绞线）必须有比方波本身频率更宽的频带，否则高频分量将被滤掉，使方波出现毛刺而变形。在短距离通信时（如同一房间中计算机之间的通信），用连接电缆直接传送数字信号，问题还不十分严重，但在远距离通信时，通常是利用电话线传送信息。由于电话线频带很窄，约30～3000Hz，若用数字信号直接通信，经过传输线后，信号就会产生畸变，接收一方将因为数字信号逻辑电平模糊不清而无法鉴别，从而导致通信失败。

但是电话网是为300～3400Hz的音频模拟信号设计的，对二进制数据的传输是不合适的。为此，在发送时需要对二进制数据进行调制，使之适合在电话网上传输。在接收时，需要进行解调以将模拟信号还原成数字信号。

利用调制器（Modulator）把数字信号转换成模拟信号，然后送到通信线路上去，再由解调器把从通信线路上收到的模拟信号转换成数字信号。由于通信是双向的，调制器和解调器合并在一个装置中，如图 7-6 所示。

图 7-6　远程串行通信

在图 7-6 中，调制器和解调器是进行数据通信所需的设备，因此把它叫作数据通信设备（DCE）。计算机是终端设备（DTE），通信线路是电话线，也可以是专用线。

4. 传输速率

数据的传输速率可用比特率表示。比特率是每秒钟传输二进制代码的位数，单位是位/秒（bit/s）。如每秒钟传送 100 个字符，而每个字符格式包含 10 位（1 个起始位、1 个停止位、8 个数据位），这时的比特率为 10 位×100 个/s＝1000bit/s。

此外，在数据通信中常用波特率表示每秒钟调制信号变化的次数，单位是波特（Baud）。波特率和比特率不总是相同的，如每个信号（码元）携带 1 个比特的信息，比特率和波特率就相同。如 1 个信号（码元）携带 2 个比特的信息，则比特率就是波特率的 2 倍。对于将数字信号"1"或"0"直接用两种不同电压表示的所谓基带传输，波特率和比特率是相同的。所以，我们也经常用波特率表示数据的传输速率。

7.1.3　串行通信的标准接口

在串行通信中，数据是逐位按顺序传送的，而计算机内部数据是并行的，因此当计算机与外设之间传送数据时，必须将并行数据转换为串行数据后，再通过串行口传送。反之亦然。

目前使用的异步串行通信接口有三类：

（1）RS-232C(RS-232A、RS-232B)。

（2）RS-449、RS-422、RS-423 和 RS-485。

（3）20mA 电流环。

RS-232 是使用最早、应用最多的一种异步串行通信总线标准。其中 RS 表示 Recommended Standard，232 是标准的标识号。

RS-232 包括了按位串行传输的电气和机械方面的规定。适合于短距离（通信距离不大于 15m）或带调制解调器的通信场合，传输速率最大 20kbit/s。

为提高数据传输速率和通信距离，EIA 又公布了 RS-449、RS-422、RS-423 和 RS-485 串行总线接口标准。下面介绍 RS-232C 标准接口。

1. RS-232C 总线规定

EIARS-232C 是美国电子工业协会正式公布的串行总线标准，也是目前最常用的串行接口标准，用来实现计算机与计算机之间、计算机与外设之间的数据通信。RS-232C 定义了数据终端设备（DTE）与数据通信设备（DCE）之间的物理接口标准。

（1）RS-232C 接口的引脚分布。RS-232C 接口规定使用 25 针连接器，连接器的尺寸及每个插针的排列位置都有明确的定义。在一般的应用中并不一定用到 RS-232C 标准的全部信号线，所以，在实际应用中常常使用 9 针连接器。连接器定义如图 7-7 所示。图中所示为阳头定义，常用于计算机侧，对应的阴头用于连接线侧。

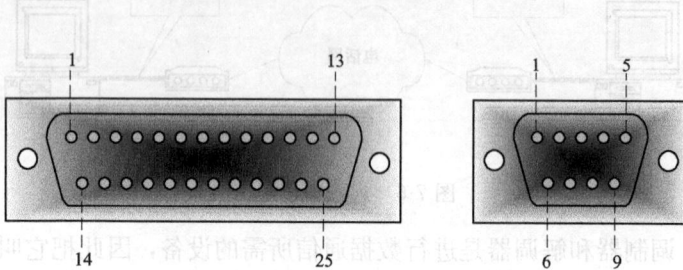

图 7-7　RS-232C 引脚分布

（2）RS-232C 接口的信号线功能。RS-232C 接口的主要信号线功能定义见表 7-1。

表 7-1　　　　　　　　　　　　　　　　RS-232C 接口引脚功能

插针序号	信号名称	功　　能	信号方向
1	PGND	保护接地	
2(3)	TXD	发送数据（串行输出）	DTE→DCE
3(2)	RXD	接收数据（串行输入）	DTE←DCE
4(7)	RTS	请求发送	DTE→DCE
5(8)	CTS	允许发送	DTE←DCE
6(6)	DSR	DCE 就绪（数据建立就绪）	DTE←DCE
7(5)	SGND	信号接地	
8(1)	DCD	载波检测	DTE←DCE
20(4)	DTR	DTE 就绪（数据终端准备就绪）	DTE→DCE
22(9)	RI	振铃指示	DTE←DCE

注　插针序号（　）内为 9 针非标准连接器的引脚号。

2. RS-232C 标准接口的其他规定

RS-232C 采用负逻辑，即

逻辑 "1"：$-5V \sim -15V$

逻辑 "0"：$+5V \sim +15V$

由于 RS-232C 的逻辑电平与通常的 TTL 和 MOS 电平不兼容，因此不能直接相连，使用时必须外加电平转换电路，否则将使 TTL 电路烧坏，这是实际应用中必须注意的。

常用的电平转换芯片有 MC1488、MC1489 和 MAX232 等。

7.2 串行接口的结构及控制寄存器

7.2.1 串行接口的内部结构

串行接口的内部结构如图 7-8 所示。

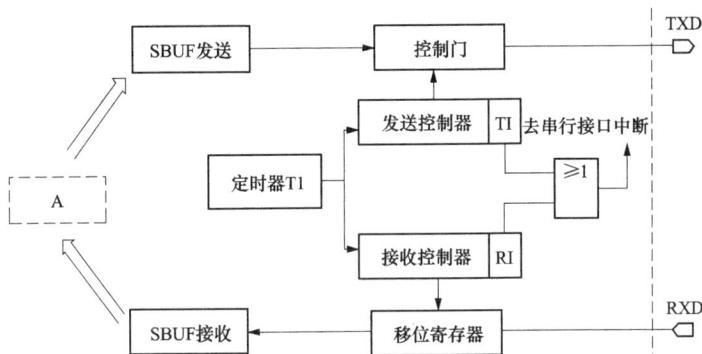

图 7-8 串行接口内部结构示意

图 7-8 中有两个物理上独立的发送缓冲器和接收缓冲器 SBUF，它们占用同一地址 99H，可同时发送和接收数据。发送缓冲器只能写入，不能读出；接收缓冲器只能读出，不能写入。串行发送与接收的速率与移位时钟同步，定时器 T1 作为串行通信的波特率发生器。

由于在前一个字节从接收缓冲器读出之前，就开始接收第二个字节（串行输入至移位寄存器），若在第二个字节接收完毕而前一个字节未被读走时，就会丢失前一个字节的内容。因此，接收器采用双缓冲结构。而对于发送缓冲器，因为发送时 CPU 是主动的，不会产生重叠错误。

串行接口的发送和接收都是以特殊功能寄存器 SBUF 的名称进行读或写的，当向 SBUF 发"写"命令时（执行"MOV SBUF，A"指令），即是向发送缓冲器 SBUF 写入数据，SBUF 在移位时钟脉冲的作用下，开始由 TXD(P3.1) 引脚向外发送一帧数据，发送完后便使发送中断标志 TI＝1；当执行读 SBUF 的命令时（执行"MOV A，SBUF"指令），数据通过引脚 TXD(P3.0) 在移位时钟控制下，一帧数据进入输入移位寄存器，并装载到接收 SBUF 中，串行接收完毕后使 RI＝1。

7.2.2 串行接口的控制寄存器

单片机串行接口是可编程的，对它初始化编程只需将两个控制字分别写入串行控制寄存器 SCON(98H) 和电源控制寄存器 PCON(97H) 即可。

1. 串行控制寄存器

串行控制寄存器 SCON 是一个特殊功能寄存器，用以设定串行接口的工作方式、接收发送控制及设置状态标志。字节地址为 98H，可进行位寻址，其格式为

位	7	6	5	4	3	2	1	0	
地址：98H	SM0	SM1	SM2	REN	TB8	RB8	TI	RI	SCON

（1）SM0 和 SM1 为工作方式选择位，可选择四种工作方式，见表 7-2。

表 7-2　　　　　　　　　　　　　串行接口工作方式

SM0	SM1	方式	说　　明	波特率
0	0	0	移位寄存器	$f_{osc}/12$
0	1	1	10 位异步收发器（8 位数据）	可变
1	0	2	11 位异步收发器（9 位数据）	$f_{osc}/64$ 或 $f_{osc}/32$
1	1	3	11 位异步收发器（9 位数据）	可变

（2）SM2(SCON.5)：多机通信控制位，主要用于方式 2 和方式 3。

当接收机的 SM2＝1 时可利用收到的 RB8 来控制是否激活 RI(RB8＝0 时不激活 RI，收到的信息丢弃；RB8＝1 时收到的数据进入 SBUF，并激活 RI，进而在中断服务中将数据从 SBUF 读走)。当 SM2＝0 时，不论收到的 RB8 为 0 或 1，均可使收到的数据进入 SBUF，并激活 RI(即此时 RB8 不具有控制 RI 激活的功能)。通过控制 SM2，可实现多机通信。

在方式 0 时，SM2 必须是 0。在方式 1 时，若 SM2＝1，则只有接收到有效停止位时，RI 才置 1。

（3）REN(SCON.4)：允许串行接收位。由软件置 REN＝1，则启动串行接口接收数据；若软件置 REN＝0，则禁止接收。

（4）TB8(SCON.3)：在方式 2 或方式 3 中，是发送数据的第 9 位，可用软件规定其作用。可用作数据的奇偶校验位，或在多机通信中，作为地址帧/数据帧的标志位。

在方式 0 和方式 1 中，该位未用。

（5）RB8(SCON.2)：在方式 2 或方式 3 中，是接收到数据的第 9 位，作为奇偶校验位或地址帧/数据帧的标志位。在方式 0 时不用 RB8(置 SM2＝0)。在方式 1 时，若 SM2＝0，则 RB8 是接收到的停止位。

（6）TI(SCON.1)：发送中断标志位。在方式 0 时，当串行发送第 8 位数据结束时，或在其他方式，串行发送停止位的开始时，由内部硬件使 TI 置 1，向 CPU 发中断申请。在中断服务程序中，必须用软件将其清 0，取消此中断申请。

（7）RI(SCON.0)：接收中断标志位。在方式 0 时，当串行接收第 8 位数据结束时，或在其他方式，串行接收停止位的中间时，由内部硬件使 RI 置 1，向 CPU 发中断申请。也必须在中断服务程序中，用软件将其清 0，取消此中断申请。

2. 电源控制寄存器

电源控制寄存器 PCON(87H) 也是一个特殊功能寄存器，无位地址控制功能，只能按字节访问，但相应位有特定含义。在电源控制寄存器 PCON 中只有一位 SMOD 与串行接口工作有关，其格式为

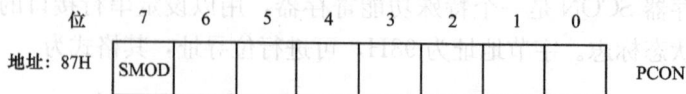

位　7　6　5　4　3　2　1　0

地址：87H　| SMOD | | | | | | | | PCON

SMOD(PCON.7)：波特率倍增位。在串行接口方式 1、方式 2、方式 3 时，波特率与 SMOD 有关，当 SMOD＝1 时，波特率提高一倍；当 SMOD＝0 时，各工作方式波特率不加

倍。复位时，SMOD＝0。

7.3　串行接口的工作方式

MCS-51 系列单片机串行接口共有四种工作方式，可通过 SCON 中的 SM0、SM1 进行定义。串行通信只使用方式 1、2、3。方式 0 主要用于扩展并行 I/O 接口。

7.3.1　方式 0

方式 0 时，串行接口为同步移位寄存器的 I/O 方式，主要用于扩展并行输入或输出接口。数据由 RXD(P3.0) 引脚输入或输出，同步移位脉冲由 TXD(P3.1) 引脚输出。发送和接收均为 8 位数据，低位在先，高位在后。波特率固定为 $f_{osc}/12$。

1. 方式 0 接收

CPU 在每个机器周期都采样中断标志。在检测到 RI＝0。并在 REN＝1(允许接收) 时，就会启动一次接收过程。这时 TXD 端输出同步脉冲，RXD 端输入数据。串行接口以 $f_{osc}/12$ 的波特率接收 RXD 引脚上的数据，当接收完毕，将中断标志 RI 置"1"，向 CPU 发出中断申请。

实际应用中，串行接口必须与"并入串出"的并-串移位寄存器配合使用，如图 7-9 所示。常用的并-串移位寄存器有 CD4014 或 74LS165 等。

2. 方式 0 发送

由程序自动将数据预先写入串行接口发送数据缓冲器 SBUF，发送过程自动启动。串行接口将 SBUF 的内容以 $f_{osc}/12$ 的波特率由低到高按顺序从 RXD 端移出，并同时在 TXD 引脚自动提供同步移位时钟脉冲。8 位数据发送完毕，将中断标志 TI 置"1"，向 CPU 发出中断申请。

实际应用中，串行接口必须与"串入并出"的

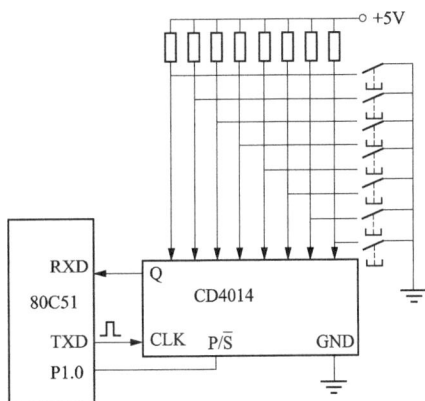

图 7-9　方式 0 接收

串-并移位寄存器配合使用，如图 7-10 所示。常用的串-并移位寄存器有 CD4094 或 74LS164 等。

7.3.2　方式 1

方式 1 定义为 10 位数据的异步通信接口。其中 1 位起始位，8 位数据位，1 位停止位。TXD 为数据发送引脚，RXD 为数据接收引脚。方式 1 的波特率是可变的，计算公式如下：

方式 1 的波特率 ＝($2^{SMOD}/32$)×T1 溢出率　(7-1)

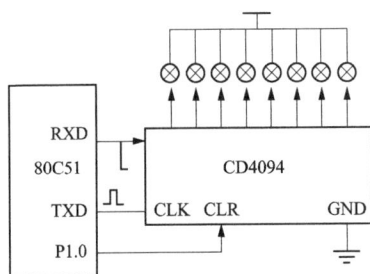

图 7-10　方式 0 发送

1. 方式 1 接收

SCON 中的 REN 位处于允许接收状态，即 REN＝1 时，接收过程启动。当串行接口采样到 TXD 端状态由"1"向"0"跳变时，就认为"0"位就是起始位，随后在移位脉冲控制下，将 8 位数据依次移入接收移位寄存器，再送入接收缓冲器 SBUF 中，并将停止位送入 RB8 中，置中断标志位 RI，向 CPU 发出中断申请。

2. 方式 1 发送

CPU 向串行发送缓冲器 SUBF 写入数据开始，就启动了串行接口发送，在串行接口由硬件加入起始位和停止位，构成 1 帧信息。在移位脉冲作用下，依次由 TXD 发出。一帧发送完后，TXD 端维持空闲 "1" 状态，置中断标志位 TI，向 CPU 发出中断申请。

7.3.3 方式 2 和方式 3

方式 2 和方式 3 为 9 位异步通信接口，一帧数据共 11 位，其中起始位 1 位，数据 9 位（含 1 位附加的第 9 位，发送时为 SCON 中的 TB8，接收时为 RB8），停止位 1 位。方式 2 的波特率固定为晶振频率的 1/64 或 1/32，方式 3 的波特率由定时器 T1 的溢出率决定。计算公式如下：

$$方式 2 的波特率 = (2^{SMOD}/64) \times f_{osc} \qquad (7\text{-}2)$$
$$方式 3 的波特率 = (2^{SMOD}/32) \times T1 溢出率 \qquad (7\text{-}3)$$

方式 2 和方式 3 的接收和发送过程是完全一致的。

1. 接收过程

接收时，数据从右边移入输入移位寄存器，在起始位 0 移到最左边时，控制电路进行最后一次移位。当 RI=0，且 SM2=0（或接收到的第 9 位数据为 1）时，接收到的数据装入接收缓冲器 SBUF 和 RB8（接收数据的第 9 位），置中断标志位 RI，向 CPU 发出中断申请。如果条件不满足，则数据丢失，且不置位 RI，继续搜索 RXD 引脚的负跳变。

2. 发送过程

发送开始时，先把起始位 0 输出到 TXD 引脚，然后发送移位寄存器的输出位（D0）到 TXD 引脚。每一个移位脉冲都使输出移位寄存器的各位右移一位，并由 TXD 引脚输出。

第一次移位时，停止位 "1" 移入输出移位寄存器的第 9 位上，以后每次移位，左边都移入 0。当停止位移至输出位时，左边其余位全为 0，检测电路检测到这一条件时，使控制电路进行最后一次移位，并置中断标志位 TI，向 CPU 发出中断申请。

7.4 串行接口应用举例

7.4.1 串行接口的初始化编程

1. 串行接口初始化编程步骤

在串行接口工作之前，应对其进行初始化，主要是设置产生波特率的定时器 T1、串行接口控制和中断控制。具体步骤如下：

（1）确定 T1 的工作方式（编程 TMOD 寄存器）。

（2）计算 T1 的初值，装载 TH1、TL1。

（3）启动 T1（编程 TCON 中的 TR1 位）。

（4）确定串行接口控制（编程 SCON 寄存器）。

串行接口在中断方式工作时，要进行中断设置（编程 IE、IP 寄存器）。

2. 定时器 T1 溢出率的计算

当串行接口工作于方式 1 和方式 3 时，它们的波特率是可变的，主要取决于定时器 T1 的溢出率。

对于定时器 T1 设置为方式 2 时，具有自动重装时间常数的功能，而且精度高，特别适用于串行接口的波特率发生器。但要注意，使用时为避免 T1 溢出而产生不必要的中断，应使 IE 中的 ET1＝0，不允许中断。

由于

$$\text{方式 1、方式 3 的波特率} = (2^{\text{SMOD}}/32) \times \text{T1 溢出率}$$

因此

$$\text{T1 的溢出率} = f_{\text{osc}}/[12 \times (256 - X)] \tag{7-4}$$

式（7-4）中，X 为 T1 的初值。

编写程序时，一般先选择波特率，然后根据波特率计算定时器的时间常数。

【例 7-1】　晶振频率为 12MHz，波特率为 600bit/s，利用 T1 作波特率发生器，计算 T1 的初值 X。

解：波特率 $= (2^{\text{SMOD}}/32) \times f_{\text{osc}}/[12 \times (256 - X)]$

若 SMOD＝0，则

$$X = 256 - 12 \times 10^6 / (32 \times 12 \times 600) \approx 204 = 0\text{CCH}$$

将初值分别装入 TH1 和 TL1 中。

7.4.2　双机通信

两台 MCS-51 系列单片机可采用三线零调制解调方式连接，即两台单片机的发送端 TXD 与接收端 RXD 交错连接，地线连在一起，如图 7-11 所示。

双机通信时，两机应采用相同的工作方式（数据格式相同）和相同的波特率。

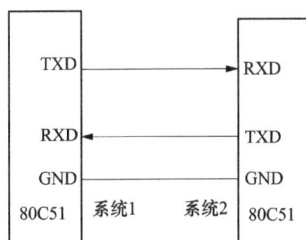

图 7-11　双机通信

【例 7-2】　假设有两个单片机系统，编程将 1 号机片内 RAM 40H～4FH 单元的数据块从串行接口发送，2 号机接收 1 号机发送过来的数据块，并存入片内 RAM 40H～4FH 单元。设串行接口工作于方式 1，波特率为 1200bit/s，采用 12MHz 晶振，查询工作方式。

解：

双方约定：

（1）当 1 号机发送时，先发送一个"E1"联络信号，2 号机收到后回答一个"E2"应答信号，表示同意接收。

（2）当 1 号机收到应答信号"E2"后，开始发送数据，每发送一个数据字节都要计算"校验和"，假定数据块长度为 16 个字节，起始地址为 40H，一个数据块发送完毕后立即发送"校验和"。

（3）2 号机接收数据并转存到数据缓冲区，起始地址也为 40H，每接收到一个数据字节便计算一次"校验和"，当收到一个数据块后，再接收 1 号机发来的"校验和"，并将它与 2 号机求出的校验和进行比较。若两者相等，说明接收正确，2 号机回答 00H；若两者不相等，说明接收不正确，2 号机回答 0FFH，请求重发。

（4）1 号机接到 00H 后结束发送。若收到的答复非零，则重新发送数据一次。

（5）一帧信息为 10 位，其中有 1 个起始位、8 个数据位和一个停止位；波特率为 1200bit/s，T1 工作在定时器方式 2，振荡频率选用 12MHz，计算得 TH1＝TL1＝0E6H，PCON 寄存器的 SMOD 位为 0。

1 号机发送程序如下：

```
            ORG     0000H
            LJMP    START1
            ORG     0100H
START1:     CLR     EA
            MOV     TMOD, #20H          ; 定时器 1 置为方式 2
            MOV     TH1, #0E6H          ; 装载定时器初值，波特率 1200bit/s
            MOV     TL1, #0E6H
            MOV     PCON, #00H
            SETB    TR1                 ; 启动定时器
            MOV     SCON, #50H          ; 设定串行接口方式 1，且准备接收应答信号
LOOP11:     MOV     SBUF, #0E1H         ; 发联络信号
            JNB     TI, $               ; 等待一帧发送完毕
            CLR     TI                  ; 允许再发送
            JNB     RI, $               ; 等待 2 号机的应答信号
            CLR     RI                  ; 允许再接收
            MOV     A, SBUF             ; 2 号机应答后，读至 A
            XRL     A, #0E2H            ; 判断 2 号机是否准备完毕
            JNZ     LOOP11              ; 2 号机未准备好，继续联络
LOOP12:     MOV     R0, #40H            ; 2 号机准备好，设定数据块地址指针初值
            MOV     R7, #10H            ; 设定数据块长度初值
            MOV     R6, #00H            ; 清校验和单元
LOOP13:     MOV     SBUF, @R0           ; 发送一个数据字节
            MOV     A, R6
            ADD     A, @R0              ; 求校验和
            MOV     R6, A               ; 保存校验和
            INC     R0
            JNB     TI, $
            CLR     TI
            DJNZ    R7, LOOP13          ; 整个数据块是否发送完毕
            MOV     SBUF, R6            ; 发送校验和
            JNB     TI, $
            CLR     TI
            JNB     RI, $               ; 等待 2 号机的应答信号
            CLR     RI
            MOV     A, SBUF             ; 2 号机应答，读至 A
            JNZ     LOOP12              ; 2 号机应答"错误"，转重新发送
            SJMP    $                   ; 2 号机应答"正确"，结束发送
            END
```

2 号机接收程序如下：

```
            ORG     0000H
            LJMP    START2
```

```
              ORG     0100H
START2:       CLR     EA
              MOV     TMOD,#20H
              MOV     TH1,#0E6H
              MOV     TL1,#0E6H
              MOV     PCON,#00H
              SETB    TR1
              MOV     SCON,#50H          ;设定串行接口方式 1，且准备接收
LOOP21:       JNB     RI,$               ;等待 1 号机的联络信号
              CLR     RI
              MOV     A,SBUF             ;收到 1 号机信号
              XRL     A,#0E1H            ;判是否为 1 号机联络信号
              JNZ     LOOP21             ;不是 1 号机联络信号，再等待
              MOV     SBUF,#0E2H         ;是 1 号机联络信号，发应答信号
              JNB     TI,$
              CLR     TI
              MOV     R0,#40H            ;设定数据块地址指针初值
              MOV     R7,#10H            ;设定数据块长度初值
              MOV     R6,#00H            ;清校验和单元
LOOP22:       JNB     RI,$
              CLR     RI
              MOV     A,SBUF
              MOV     @R0,A              ;接收数据转储
              INC     R0
              ADD     A,R6               ;求校验和
              MOV     R6,A
              DJNZ    R7,LOOP22          ;判数据块是否接收完毕
              JNB     RI,$               ;完毕，接收 1 号机发来的校验和
              CLR     RI
              MOV     A,SBUF
              XRL     A,R6               ;比较校验和
              JZ      END1               ;校验和相等，跳至发正确标志
              MOV     SBUF,#0FFH         ;校验和不相等，发错误标志
              JNB     TI,$               ;转重新接收
              CLR     TI
END1:         MOV     SBUF,#00H
              SJMP    $
              END
```

7.4.3　多机通信

MCS-51 系列单片机的多机通信是一台主机和多台从机之间的通信。图 7-11 是多机通信的一种连接示意。

图 7-12 中有一个是主机，其余的是从机，从机要服从主机的调度和支配。80C51 单片

机的串行接口方式 2 和方式 3 适于这种主从式的通信结构。当然采用不同的通信标准时，还需进行相应的电平转换，有时还要对信号进行光电隔离。

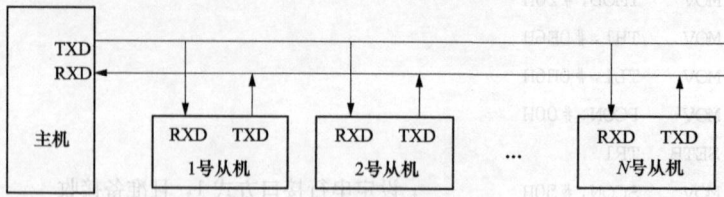

图 7-12　多机通信示意

在这种方式，主机发送的信息可传送到各个从机或指定的从机，而从机发送的信息只能被主机接收，从机之间不能进行通信。多机通信的过程如下：

（1）各个从机定义地址编号，并将所有从机的 SM2 置 "1"，处于接收地址帧状态。

（2）在主机向某个从机发送数据块之前，它必须先送出一个地址帧，其中 8 位是地址，第 9 位为地址/数据的区分标志（TB8），该位置 1 表示该帧为地址帧。由于各从机 SM2 都为 1，接收到的 RB8 都是 1，则能接收到来自主机的地址信息。

（3）所有从机收到地址帧后，都将接收的地址与本机的地址比较。对于地址相符的从机，使自己的 SM2 位置 0，能接收主机随后发来的所有信息，并把本站地址发回主机作为应答；对于地址不符的从机，仍保持 SM2=1，对主机随后发来的信息不予理睬。

（4）从机发送数据结束后，要发送一帧校验和，并置第 9 位（TB8）为 1，作为从机数据传送结束的标志。

（5）主机接收数据时先判断数据接收标志（RB8），若 RB8=1，表示数据传送结束，并比较此帧校验和，若正确则回送正确信号 "00H"，此信号命令该从机复位（即重新等待地址帧）；若校验和出错，则发送 "0FFH"，命令该从机重发数据。若接收帧的 RB8=0，则将数据存到缓冲区，并准备接收下帧信息。

（6）主机收到从机应答地址后，确认地址是否相符，如果地址不符，发复位信号（数据帧中 TB8=1）；如果地址相符，则清 TB8，开始发送数据。

（7）从机收到复位命令后回到监听地址状态（SM2=1），否则开始接收数据和命令。

7.4.4　PC 机和单片机之间的通信

将一台 IBM-PC 机和 MCS-51 系列单片机构成小型分散控制或测量系统，是目前微型计算机应用的一大趋势。

在许多复杂的控制系统，常常要完成数据采集、处理和故障监视等各种控制任务，仅靠单片机就显得不够用了。一般在这类复杂系统中，可以加入 IBM-PC 机，由 PC 机去对这些数据进行加工处理和故障监视。同时 PC 机将各种控制命令和数据送给单片机，以实现集中管理和最优控制。显然，要组成这样的系统，首先要解决的是单片机与 PC 机的通信问题。

1. 单片机与 PC 机接口

PC 机配置异步适配器，完成 PC 机与 MCS-51 系列单片机的数据通信。由于 MCS-51 系列单片机输入、输出为 TTL 电平，而 PC 机配置的是 RS-232C 标准串行接口，二者的电气规范不一致，因此，要完成 PC 机与单片机的数据通信，必须进行电平转换。其硬件接口电路示例如图 7-13 所示。

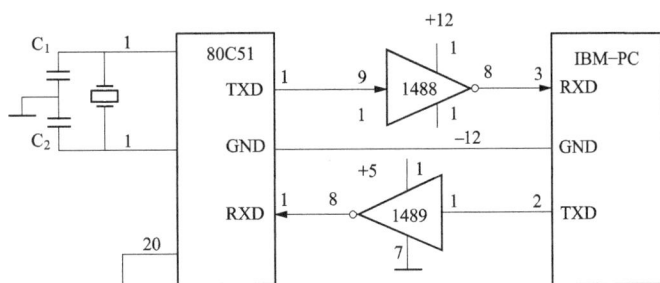

图 7-13　PC 机与单片机串行通信接口电路示例

图 7-13 中，MC1488 将 TTL 电平转换为 RS-232C 电平，供电电平为±12V；MC1489 则是把 RS-232C 标准电平转换为 TTL 电平，供电电压为＋5V。PC 机输出的电平信号经过 MC1489 电平转换器转换成 TTL 电平信号，送到 80C51 单片机的 RXD 端；80C51 单片机的串行发送引脚 TXD 端输出的 TTL 电平信号经过 MC1488 电平转换器转换成 PC 机可接收的电平信号，接到 PC 机 RXD 端。

2. 单片机与 PC 机通信的软件设计

单片机通信软件主要由主程序、发送程序及接收程序构成。主程序主要完成系统初始化等功能。发送程序和接收程序是比较重要的程序，因为它们承担与 PC 机间的通信任务，稍有偏差，通信就无法进行。因此，在一些关键字、字符格式及握手信号等设定上，一定要准确无误。同时也要合理选择单片机串行接口和定时器的工作方式，以保证通信正常进行。

设计时单片机的通信数据约定与 PC 机一致，波特率要与 PC 机一致。

【例 7-3】　假设有一单片机与 PC 机之间进行通信，将单片机 RAM 地址为 30H～3AH 数据块传送至 PC 机。将 PC 机数据传送至单片机片外 RAM 地址为 5000H 开始的单元。设串行接口工作于方式 1，波特率为 1200bit/s，采用 12MHz 晶振。向 PC 机发送数据为查询工作方式，接收 PC 机数据为中断方式。

解： 选择定时器 T1 作为波特率发生器，设置工作在方式 2；串行接口设置工作在方式 1；数据格式为 10 位，即 1 位起始位、8 位数据位、1 位停止位。发送数据采用查询方式，接收数据采用中断方式。按此条件编写的单片机通信软件分为主程序、查询发送子程序和接收中断服务程序。

在通信开始，首先进行初始化编程，然后单片机给 PC 机发送握手信号。当单片机与 PC 机握手成功，才开始数据的传送。若握手不成功，则从新初始化。单片机接收 PC 机处理好的数据。示例程序如下：

（1）发送子程序清单。

```
FASHX: MOV  TMOD,#20H        ;定时器 T1 初始化。设置工作于方式 2
       MOV  TH1,#0E6H         ;装载初值，波特率为 1200Baud
       MOV  TL1,#0E6          ;
       SETB TR1               ;启动 T1
       CLR  ET1               ;清 T1 中断标志
       MOV  SCON,#50H         ;串行接口初始化，工作于方式 3
       MOV  PCON,#00H         ;波特率 1200Baud
```

```
        MOV   R0,#30H          ; 设置数据区首地址
        MOV   R7,#0AH          ; 设置数据块长度
SEND:   MOV   A,#0FFH          ; 发送联络信号 "FF"
        MOV   SBUF,A           ;
        JNB   TI,$             ; 等待一帧发送完毕
        CLR   TI               ;
        JNB   RI,$             ; 等待接收联络信号
        CLR   RI               ;
        MOV   A,SBUF           ; 接收联络信号 "FE"
        CJNE  A,#0FEH,SEND     ; 对方允许接收顺序执行
LOOP1:  MOV   A,@R0            ; 取发送第一字节数据
        MOV   B,#0AH           ;
        DIV   AB               ; 除 "10" 取余数（校验码）
LOOP2:  MOV   SBUF,@R0         ;
        JNB   TI,$             ; 判断是否发送完
        CLR   TI               ; 发送完，清发送标志
        JNB   RI,$             ; 判断是否接收完
        CLR   RI               ; 接收完，清接收标志
        MOV   A,SBUF           ;
        XLR   A,#0FEH          ; 判断应答信号 "FE"
        JNZ   LOOP2            ; 不正确返回重发
        MOV   SBYF,B           ; 发送校验码
        JNB   TI,$             ;
        CLR   TI               ;
        JNB   RI,$             ;
        CLR   RI               ;
        MOV   A,SBUF           ; 检查校验结果是否正确
        XRL   A,#0AAH          ; "AA" 对应答接收正确信号
        JNZ   LOOP1            ; 判断校验码是否正确
        INC   R0               ; 修改数据区首地址
        DJNZ  R7,LOOP1         ; 判断数据块是否发送完毕
        RET
```

说明：数据区首地址为（R0）＝30H；（R7）＝0AH 为数据区长度；30H～3AH 存放采集的实时数据。功能：向 PC 机传送采集的实时数据。

（2）主程序和接收中断服务程序清单。

```
00H：   接收联络标志
01H：   接收数据标志位
02H：   接收完实时数据
03H：   结束标志
        ORG   0000H
        AJMP  0100H
        ORG   0023H
```

```
                AJMP   RECE
                ORG    0100
MAIN:     MOV    SP,#60H                    ；设置堆栈指针
                MOV    R7,#03H                    ；设置字节数
                MOV    DPTR,#5000H                ；设置数据区首地址
                SETB   EA                         ；开放中断
                SETB   ES                         ；开放串行接口中断
L3:       CLR    01H                        ；清接收数据标志位
                CLR    02H                        ；清接收完实时数据
                CLR    03H                        ；清结束标志
L2:       JB     03H,L1                     ；判断结束标志
                SJMP   L2
L1:       AJMP   L3
                SJMP   $                          ；等待接收中断
```

接收中断服务程序。

```
RECE:     CLR    ES                         ；关闭中断
                CLR    RI                         ；清接收中断标志
                JB     00H,RECE1                  ；判断联络标志
                MOV    A,SBUF
                CJNE   A,#0FCH,RECE2              ；判断"FC"接收标志
                MOV    A,#0FBH                    ；"FB"回答接收到信号
                MOV    SBUF,A                     ；发送应答信号
                JNB    TI,$                       ；判断发送完否
                CLR    TI                         ；
                SETB   00H                        ；置接收联络标志
RECE2:    SETB   ES                         ；开串行接口中断
                RETI

RECE1:    JB 01H,RECE3                      ；判断接收数据标志
                MOV    A,SBUF                     ；接收数据
                MOVX   @DPTR,A                    ；送数据区
                DIV    AB                         ；求校验码
                SETB   01H                        ；置接收数据标志
                SETB   ES                         ；开串行接口中断
                RETI
RECE3:    JB     02H,RECE5                  ；判断接收完数据标志
                MOV    A,SBUF                     ；接收校验码
                CJNE   A,B,RECE4                  ；判断校验码是否正确
                MOV    A,#0FAH                    ；"FA"为正确信号
                JNB    TI,$                       ；
                CLR    TI
                INC    DPTR                       ；修改数据指针
```

```
            DEC  R7                      ;修改字节数
            MOV  A,R7
            JNZ  CFD                     ;判断字节数是否为零
            SETB 02H                     ;置接收完实时数据标志
            SETB ES
            RETI
    CFD:    CLR  01H
            SETB ES                      ;
            RETI
    RECE4:  MOV  A,#0F9H                 ;"F9"错误信号
            MOV  SBUF,A                  ;发送错误信号
            JNB  TI,$
            CLR  TI
            CLR  01
            SETB ES
            RETI


    RECE5:  MOV  A,SBUF                  ;接收应答信号
            MOV  R6,A
            XRL  A,#0F8H                 ;"F8"结束标志
            JZ   CFD2
            MOV  R7,#03H                  ;重置字节数
            CLR  01H
            CLR  02H
            RETI
    CFD2:   SETB 03H
            SETB ES
            RETI
            END
```

说明：MAIN 表示为主程序；RECE 表示为接收中断服务程序。功能：接收 PC 机处理好的数据，对其进行判断、处理、置相应标志位。

🌱 本 章 小 结

（1）串行通信有异步通信和同步通信两种方式。异步通信是按字符传送的，每传送一个字符，就用起始位来进行收发双方的同步；同步通信要保持发送和接收双方完全同步，要求发送和接收设备必须使用同一时钟。

（2）串行通信中，按照同一数据流的传送方向可分成两种基本模式，即半双工和全双工。

（3）RS-232C 通信接口是一种广泛使用的标准串行接口，信号线数量少，有多种可供选择的信息速率，但信号传输距离仅为几十米。

（4）MCS-51 系列单片机串行接口有 4 种工作方式：同步移位寄存器 I/O 方式、8 位异步通信方式及不同波特率的两种 9 位异步通信方式。

方式 0 和方式 2 波特率是固定的，而方式 1 和方式 3 波特率是可变的，由定时器 T1 的溢出率决定。

（5）利用单片机的串行接口可实现：双机通信、多机通信、单片机与 PC 机间通信。

思考与练习题

一、单项选择题

1. MCS-51 系列单片机的串行接口工作方式中适合多机通信的是_____。
   A. 方式 0　　　　B. 方式 3　　　　C. 方式 1　　　　D. 方式 2

2. 80C51 单片机串行接口用工作方式 0 时，_____。
   A. 数据从 RDX 串行输入，从 TXD 串行输出
   B. 数据从 RDX 串行输出，从 TXD 串行输入
   C. 数据从 RDX 串行输入或输出，同步信号从 TXD 输出
   D. 数据从 TXD 串行输入或输出，同步信号从 RXD 输出

3. MCS-51 系列单片机串行接口接收数据的次序是下述的顺序_____。
   （1）接收完一帧数据后，硬件自动将 SCON 的 RI 置 1
   （2）用软件将 RI 清零
   （3）接收到的数据由 SBUF 读出
   （4）置 SCON 的 REN 为 1，外部数据由 RXD(P3.0) 输入
   A.（1）（2）（3）（4）　　　　　　B.（4）（1）（2）（3）
   C.（4）（3）（1）（2）　　　　　　D.（3）（4）（1）（2）

4. MCS-51 系列单片机串行接口发送数据的次序是下述的顺序_____。
   （1）待发送数据送 SBUF
   （2）硬件自动将 SCON 的 TI 置 1
   （3）经 TXD(P3.1) 串行发送一帧数据完毕
   （4）用软件将 TI 清 0
   A.（1）（3）（2）（4）　　　　　　B.（1）（2）（3）（4）
   C.（4）（3）（1）（2）　　　　　　D.（3）（4）（1）（2）

二、问答题

1. 串行通信和并行通信相比有哪些特点？

2. 设某串行接口，其帧格式由 1 个起始位 "0"，8 个数据位，1 个奇偶校验位和 1 个停止位 "1" 组成。当该接口每分钟传送 1800 个字符时，计算传送波特率？

3. 单片机的接收和发送分别对应一个数据缓冲器 SBUF，为什么用同一个地址单元而不发生地址冲突。

4. 8051 单片机串行接口有几种工作方式？如何选择？

5. 利用单片机串行接口扩展 24 个发光二极管和 8 个按键，要求画出电路图并编写程序使 24 个发光二极管按照不同的顺序发光（发光的时间间隔为 1s）。

第 8 章　MCS-51 系列单片机的系统扩展

通过前面几章的介绍，我们已经了解了 MCS-51 系列单片机的内部结构和各功能部件的作用，掌握了设计单片机应用系统的方法。但在设计一个单片机应用系统时，往往其内部的功能部件不能满足系统设计的要求，这就需要在片外进行扩展。单片机系统的扩展包括程序存储器扩展、数据存储器扩展、I/O 接口扩展等。

8.1　程序存储器的扩展

在 MCS-51 系列单片机中，8031、80C31、8032、80C32 由于片内无程序存储器，所以必须扩展片外程序存储器，才能使其工作。而对 80C51 单片机虽然片内有 4KB 的程序存储器，但是在系统容量不够的情况下也需要扩展，最大扩展容量为 64KB。

常用的程序存储器芯片有 ROM、EPROM、E^2PROM、FLASH 等类型。ROM 是不可擦除的，一般用于大批量产品的生产，而其他三个是可以擦除再写入的，EPROM 需要紫外线擦除，E^2PROM 和 FLASH 是用电擦除。对这些芯片的程序写入，需要专门的编程器来完成。

8.1.1　程序存储器芯片介绍

1. EPROM 存储器芯片

常见的 EPROM 存储器芯片有 2716、2732、2764、27128、27256、27512 等，其主要技术特性见表 8-1。

表 8-1　　　　　　　　　　常见 EPROM 芯片的主要技术特性

芯片型号	2716	2732	2764	27128	27256	27512
容量（KB）	2	4	8	16	32	64
引脚数	24	24	28	28	28	28
读出时间（ns）	100～450	100～300	100～200	100～300	100～300	100～300
最大工作电流（mA）	100	100	75	100	100	100
最大维持电流（mA）	35	35	35	40	40	40

该系列不同型号的芯片仅仅是地址线数目和编程信号引脚有差别。引脚符号意义如下：

A0～An：地址输入线。引线的个数 $n+1$ 由芯片容量决定，如 2716，$n=10$，为 11 位地址输入线。

D0～D7：双向三态数据总线。编程时为数据输入线；读或编程校验时为数据输出线；维持或编程截止时，呈现高阻状态。

$\overline{CS}$ 或 $\overline{CE}$：片选信号输入线。

$\overline{PGM}$：编程脉冲输入线。有的芯片此引脚与 $\overline{CE}$ 合用。

$\overline{OE}$：读选通信号输入线，低电平有效。

V_{pp}：编程电压输入线，其值因芯片型号和制造厂家而异。在编程时，该引脚的电压必须严格符合芯片要求，否则会损坏芯片。有的芯片此引脚与 $\overline{OE}$ 合用。

V_{cc}：主电源输入线。一般为 +5V。

GND：接地线。

对 2716 来说，$\overline{CE}$ 和 $\overline{PGM}$ 合用一个引脚。对 2732 和 27512 来说，$\overline{OE}$ 和 V_{pp} 合用一个引脚。

2. E^2PROM

常见 E^2PROM 芯片有 2817 和 2864 等，其主要技术特性见表 8-2。

表 8-2　　　　　　　　　　常见 E^2PROM 芯片的主要技术特性

芯片型号	2817	2817A	2864
引脚数	28	28	28
读操作电压（V）	5	5	5
写操作电压（V）	21	5	5
取数时间（ns）	250	200/250	250
字节擦除时间（ms）	10	10	10
写入时间（ms）	10	10	10

该系列不同型号的芯片引脚符号意义如下。

A0~An：地址输入线。引线的个数 $n+1$ 由芯片容量决定，如 2817A，$n=10$，为 11 位地址输入线。

D0~D7：双向三态数据总线。

$\overline{CE}$：片选信号输入线，低电平有效。

$\overline{WE}$：写选通信号输入线，低电平有效。

$\overline{OE}$：读选通信号输入线，低电平有效。

NC：空。2817A 为 $RDY/\overline{BUSY}$，在写操作时，其低电平表示"忙"，写入完毕后该引脚为高电平，表示"准备好"。

V_{cc}：主电源输入线。一般为 +5V。

GND：接地线。

8.1.2　程序存储器扩展方法

1. 地址锁存器 74LS373

单片机在访问扩展的外部芯片时，一般要用 P0 接口输出地址的低 8 位，而 P0 接口又作为 8 位数据线，因此要在 P0 接口和外部芯片之间加一个地址锁存器。当然，如果扩展的外部芯片本身具有地址锁存功能，就不需要加此芯片。

常用的地址锁存器芯片有 74LS373，其引脚配置及连线如图 8-1 所示。

74LS373 是透明的带有三态门的 8D 锁存器。当 $\overline{OE}$ 为低电平时，三态门导通，允许 Q 端输出。因此当 74LS373 做地址锁存器时，应首先使 $\overline{OE}$ 为低电平。这时，当使能端 G 出现高电平时，锁存器输出 Q0~Q7 的状态与输入端 D0~D7 的状态相同。当使能端 G 从高电平变为低电平时，输入端 D0~D7 锁入 Q0~Q7 中。

OE̅　1　20　V_CC
Q0　2　19　Q7
D0　3　18　D7
D1　4　17　D6
Q1　5　16　Q6
Q2　6　74LS373　15　Q5
D2　7　14　D5
D3　8　13　D4
Q3　9　12　Q4
GND　10　11　G

P0.7　D7　Q7　A7
⋮　⋮　⋮
P0.0　D0　74LS373　Q0　A0
ALE　G　OE̅
+5V　V_CC　GND

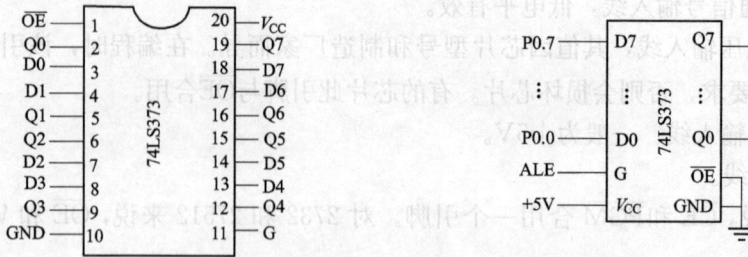

图 8-1　74LS373 引脚配置及连线

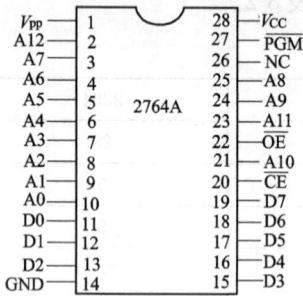

V_pp　1　28　V_CC
A12　2　27　PGM̅
A7　3　26　NC
A6　4　25　A8
A5　5　24　A9
A4　6　2764A　23　A11
A3　7　22　OE̅
A2　8　21　A10
A1　9　20　CE̅
A0　10　19　D7
D0　11　18　D6
D1　12　17　D5
D2　13　16　D4
GND　14　15　D3

图 8-2　2764A 引脚配置

2. 采用 2764A 扩展程序存储器

2764A 其引脚配置如图 8-2 所示。

2764A 有五种工作方式，由 CE̅、OE̅ 及 V_{pp} 信号的状态组合来确定，见表 8-3。

对于单片机系统的程序存储器扩展而言，使用读出和维持两种方式，其余三种方式仅在离线编程时使用。

2764A 与 80C31 单片机的扩展连接如图 8-3 所示。

线路连接说明如下：

（1）数据线。2764A 的数据线 D0～D7 直接与 80C31 的 P0 口对应位相连。

表 8-3　　　　　　　　　　　　　2764A 工作方式选择

方式＼引脚	CE̅	OE̅	V_{pp}	D7～D0
读出	0	0	+5V	程序读出
未选中（维持）	1	×	+5V	高阻
编程	正脉冲	1	+25V	程序写入
程序检验	0	0	+25V	程序读出
编程禁止	0	1	+25V	高阻

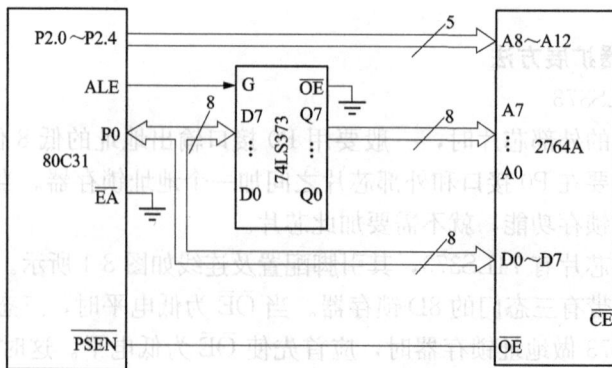

P2.0～P2.4　　　　　5　　A8～A12
ALE　　　　　　　G　OE̅
P0　　8　D7　Q7　8　A7
80C31　　⋮　⋮　⋮　2764A
EA̅　　　　D0　Q0　A0
　　　　　74LS373
　　　　　　　　8　D0～D7
　　　　　　　　　　CE̅
PSEN̅　　　　　　　　OE̅

图 8-3　2764A 与 80C31 单片机的扩展连接

（2）地址线。2764A 有 13 根地址线，分为低 8 位和高 5 位。80C31 的 P0 接口提供低 8 位地址，经地址锁存器 74LS373 与 2764A 的低 8 位 A0～A7 相连；80C31 的 P2 接口提供高 8 位地址，P2.0～P2.4 直接与 2764A 的高 5 位 A8～A12 相连。

（3）控制线。

1) $\overline{OE}$ 与 80C31 的 $\overline{PSEN}$ 相连，以实现单片机访问 2764 芯片时的工作选通和同步的功能。

2) $\overline{CE}$ 接地，表示始终选通。

3) 80C31 单片机的 ALE 与 74LS373 的 G 引脚相连，以实现 P0 口的分时复用。

4) 80C31 单片机的 $\overline{EA}$ 接地，表示始终使用片外程序存储器。

按图 8-3 连线，其扩展地址空间范围为 0000H～1FFFH。

3. 采用 2817A 扩展程序存储器

2817A 引脚配置如图 8-4 所示。

2817A 有三种工作方式，见表 8-4。

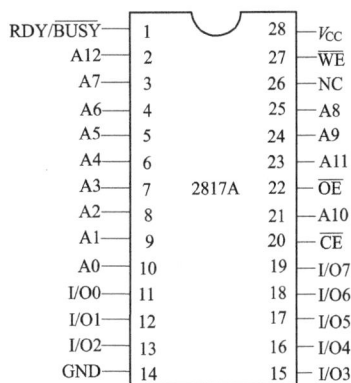

图 8-4　2817A 引脚配置

表 8-4　　　　　　　　　　　　2817A 工作方式选择

方式＼引脚	$\overline{CE}$	$\overline{OE}$	$\overline{WE}$	RDY/$\overline{BUSY}$	I/O 0～I/O 7 双向数据线
读	0	0	1	高阻	输出
维持	1	×	×	高阻	高阻
字节写入	0	1	0	0	输入

2817A 的读操作与普通 EPROM 的操作相同，所不同的是 E^2 PROM 是可在线写入字节。当向 2817A 发出字节写入命令后，其锁存地址、数据及控制信号，从而启动一次写入操作。在写入期间，RDY/$\overline{BUSY}$ 为低电平，表示在进行写操作，写入时间大约 16ms。写入操作完成后 RDY/$\overline{BUSY}$ 变高电平，此时又可对 2817A 进行新的操作。

80C31 单片机与 2817A 扩展连接如图 8-5 所示。

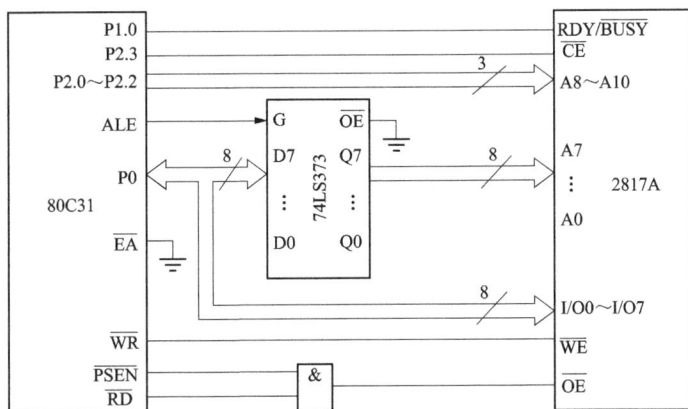

图 8-5　2817A 与 80C31 单片机的扩展连接图

线路连接说明如下：

（1）数据线。2817A 的数据线 D0～D7 直接与 80C31 的 P0 接口对应位相连。

（2）地址线。2817A 有 11 根地址线，分为低 8 位和高 3 位。80C31 的 P0 接口提供低 8 位地址，经地址锁存器 74LS373 与 2817A 的 A0～A7 相连；80C31 的 P2 接口提供高 8 位地址，P2.0～P2.2 直接与 2817A 的 A8～A10 相连。

（3）控制线。

1）80C31 的 $\overline{PSEN}$ 和 $\overline{RD}$ 信号相与后与 2817A 的 $\overline{OE}$ 相连，以实现单片机访问 2764 芯片时的工作选通功能。

2）$\overline{CE}$ 与单片机的某一根地址总线相连（图 8-5 中连 P2.3），也可将高位地址线经译码器译码后与其相连，为低电平时表示选通。

3）RDY/$\overline{BUSY}$ 与 80C31 单片机的某一根口线相连，表示采用查询方法对 2817A 的写操作进行管理，如图 8-5 所示；此引脚也可通过反向器与单片机的 $\overline{INT0}$ 和 $\overline{INT1}$ 相连，表示采用中断方法对 2817A 的写操作进行管理。

4）80C31 单片机的 ALE 与 74LS373 的 G 引脚相连，以实现 P0 接口的分时复用。

5）80C31 单片机的 $\overline{EA}$ 接地，表示始终使用片外程序存储器。

按图 8-5 连线，其扩展地址空间范围为 0000H～07FFH。

8.2 数据存储器的扩展方法

MCS-51 系列单片机内部有 128B 或 256B 的数据存储器 RAM，可作工作寄存器、堆栈、标志寄存器和数据缓冲器。对于处理数据小的应用系统，已完全能满足使用。但对于进行大量数据采集和处理的应用系统，则必须在单片机外部扩展数据存储器 RAM 以满足要求，最大扩展容量可达 64KB。

常用的数据存储器 RAM 可分为静态 RAM 和动态 RAM 两种。其中动态 RAM 具有集成度高、容量大、功率小、价格低等优点，但需要刷新。静态存储器 RAM 具有与单片机接口简单、不需刷新、写速度快的特点。因此扩展数据存储器常采用静态存储器。

8.2.1 数据存储器芯片介绍

常用型号的静态 RAM 有 6116(2K×8 位)、6264(8K×8 位)、62256(32K×8 位) 等。其主要技术特性见表 8-5。

表 8-5   **常用 RAM 芯片主要技术特性**

芯片信号	6116	6264	62256
容量（KB）	2	8	32
引脚数	24	28	28
工作电压（V）	5	5	5
典型工作电流（mA）	35	40	8
典型维持电流（mA）	5	2	0.5
典型存取时间（ns）	200	200	200

该系列不同型号的芯片引脚符号意义如下：

A0～An：地址输入线。

D0～D7：双向三态数据总线。

$\overline{\text{CE}}$：片选信号输入线，低电平有效。

$\overline{\text{WE}}$：写选通信号输入线，低电平有效。

$\overline{\text{OE}}$：读选通信号输入线，低电平有效。

V_{CC}：主电源输入线。一般为＋5V。

GND：接地线。

8.2.2　数据存储器扩展方法

1. 6264 RAM 芯片介绍

6264 RAM 芯片引脚配置如图 8-6 所示。

6264 静态 RAM 工作方式见表 8-6。

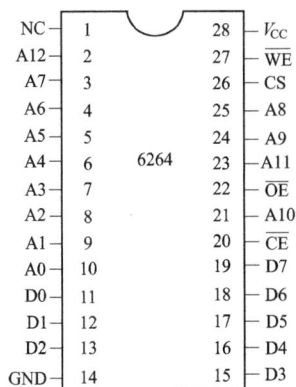

图 8-6　6264 RAM 芯片引脚配置

表 8-6　　　　　　　　　　　　6264 静态 RAM 工作方式

$\overline{\text{WE}}$	$\overline{\text{CE}}$	CS	$\overline{\text{OE}}$	方式	D7～D0
×	×	1	×	未选中	高阻
1	1	1	1	禁止输出	高阻
1	1	1	0	读出	数据输出
0	1	1	1	写入	数据输入

2. 6264 静态 RAM 与 80C51 单片机的连接

6264 静态 RAM 与 80C51 单片机的连接如图 8-7 所示。

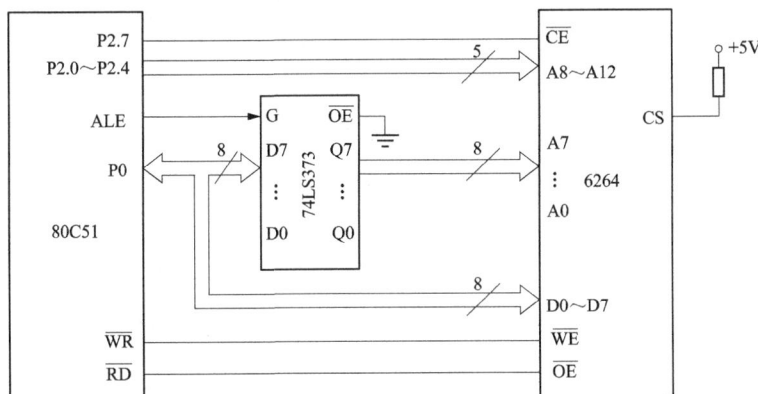

图 8-7　6264 静态 RAM 与 80C51 单片机的扩展连接

线路连接说明如下：

（1）数据线。6264 的数据线 D0～D7 直接与 80C51 的 P0 接口对应位相连。

（2）地址线。6264 有 13 根地址线，连接同程序存储器。

（3）控制线。

1）80C51 单片机的 $\overline{\text{RD}}$ 信号与 6264 的 $\overline{\text{OE}}$ 相连。

2）80C51 单片机的 $\overline{\text{WR}}$ 信号与 6264 的 $\overline{\text{WE}}$ 相连。

3）$\overline{\text{CE}}$ 与单片机的某一根地址总线相连（图 8-7 中连 P2.7），也可将高位地址线经译码器译码后与其相连，为低电平时表示选通。

4）80C51 单片机的 ALE 与 74LS373 的 G 引脚相连，以实现 P0 接口的分时复用。

按图 8-7 连线，其扩展地址空间范围为 0000H～1FFFH。

8.3 并行 I/O 接口的扩展

I/O 接口是计算机与外部设备进行数据交换的通道，是计算机应用系统不可缺少的部分。MCS-51 系列单片机有四个并行 I/O 接口，通常 P2 接口用作高 8 位地址线，P0 接口用作分时地址线（低 8 位）和数据线，P3 接口为双功能接口，只有 P1 接口可完全作为并行 I/O 接口。因此，在设计单片机应用系统时，常常要在片外扩展并行 I/O 接口。

I/O 接口的扩展方法很多，常用的有两种：一是利用 TTL 或 CMOS 系列的锁存器或三态门扩展；二是利用专用 I/O 接口芯片。

8.3.1 简单 I/O 接口扩展

1. 3-8 译码器 74L3138

如果一个单片机应用系统外扩多个芯片，则某一时刻只能选中其中之一进行访问。通常可利用 P2 接口提供的高 8 位地址线来产生外部接口芯片的片选信号 $\overline{CE}$ 或 $\overline{CS}$。产生片选信号的方法有线选法和译码法。

线选法是将多余地址线中单独的一根直接与接口芯片的片选端相连。因为接口芯片的片选端一般都是低电平有效，因此只要该地址线为低电平，就选中该接口芯片。当然地址线也可经过反相器与片选端连接，这样只要该地址线为高电平，就选中该接口芯片。

虽然线选法简单，容易实现，但高位地址线的数量是有限的，地址重叠多。当接口芯片的数量多于可用的高位地线数量时，一般就要采用另外一种方法：译码法。

译码法需要地址译码器，对高位地址线进行译码，译码输出的信号作为片选信号。常用的译码器有 3-8 译码器 74LS138、74LS139 等。

图 8-8 是译码器 74LS138 的引脚配置。

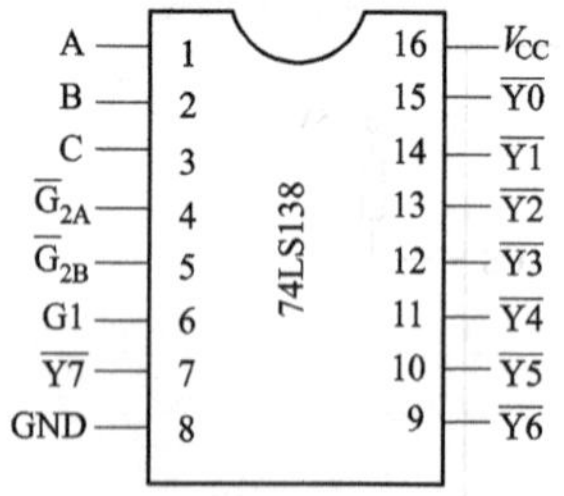

图 8-8 74LS138 的引脚配置

3-8 译码器有 3 个输入，可有 8 种组合结果输出，其逻辑功能见表 8-7。

表 8-7 74LS138 逻辑功能

G1	$\overline{G_{2A}}$	$\overline{G_{2B}}$	C	B	A	$\overline{Y7}$	$\overline{Y6}$	$\overline{Y5}$	$\overline{Y4}$	$\overline{Y3}$	$\overline{Y2}$	$\overline{Y1}$	$\overline{Y0}$
1	0	0	0	0	0	1	1	1	1	1	1	1	0
1	0	0	0	0	1	1	1	1	1	1	1	0	1
1	0	0	0	1	0	1	1	1	1	1	0	1	1
1	0	0	0	1	1	1	1	1	1	0	1	1	1
1	0	0	1	0	0	1	1	1	0	1	1	1	1
1	0	0	1	0	1	1	1	0	1	1	1	1	1
1	0	0	1	1	0	1	0	1	1	1	1	1	1
1	0	0	1	1	1	0	1	1	1	1	1	1	1
其他状态			×	×	×	1	1	1	1	1	1	1	1

由表 8-7 可知，当使能端 G1、$\overline{G_{2A}}$、$\overline{G_{2B}}$ 的状态为 100 时，不管 C、B、A 三个引脚的电平如何，$\overline{Y7}\sim\overline{Y0}$ 引脚上只有一组信号输出，并且其中只有一个引脚为低电平。将 $\overline{Y7}\sim\overline{Y0}$ 中的某一个引脚与外部接口芯片的片选端相连，就可确定其接口地址。虽然译码法连线比较复杂，但可充分利用地址资源，地址重叠少。

2. 输出接口扩展

利用锁存器 74LS377 扩展输出接口连线如图 8-9 所示。

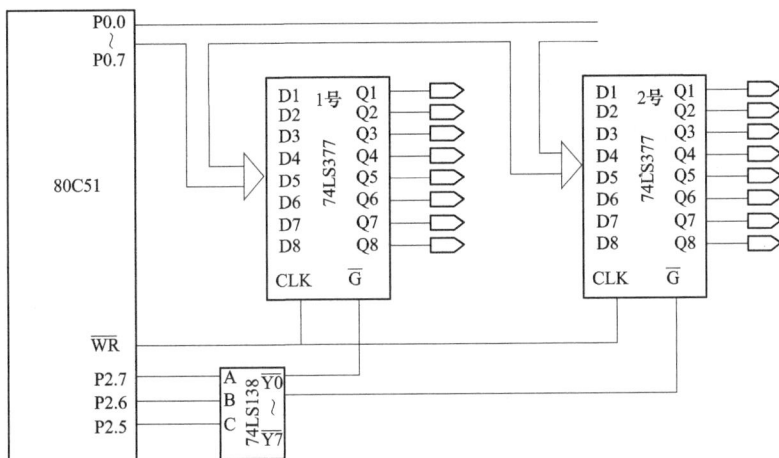

图 8-9　74LS377 与 80C51 单片机的扩展输出接口连线

在图 8-9 所示系统中，80C51 单片机外连接了两个锁存器，其地址由译码器 74LS138 的连线方法决定。本例 74LS138 的 A、B、C 引脚与 P2.7～P2.5 相连，$\overline{Y0}$ 连 1 号锁存器、$\overline{Y1}$ 连 2 号锁存器，因此地址分别为 0FFFH 和 2FFFH。本例可扩展 8 个 I/O 接口。

74LS377 是一个由 8 个 D 触发器组成的 8D 锁存器，有 20 个引脚，其引脚及功能如图 8-10 所示。

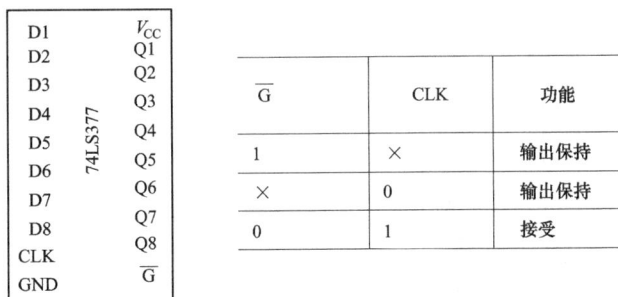

$\overline{G}$	CLK	功能
1	×	输出保持
×	0	输出保持
0	1	接受

图 8-10　74LS377 引脚及功能

其中 D1～D8 是数据输入端，Q1～Q8 为数据输出端。当使能端 $\overline{G}$ 为高电平时，输出端口不会随输入端口数据的变化而变化，即保持原有数据状态。当使能端 $\overline{G}$ 为低电平 0，且 CLK 端电平正跳变时，D1～D8 端数据被锁存到锁存器中，并呈现在 Q1～Q8 端保持不变。

假设要将片内 40H 和 42H 单元内容送到 1 号和 2 号接口中，可采用下面程序实现：

```
        MOV   DPTR,#0FFFH
```

```
MOV   A, 40H
MOVX  @DPTR, A
MOV   DPTR, #2FFFH
MOV   A, 42H
MOVX  @DPTR, A
RET
```

要注意将输出接口的地址与扩展 RAM 的地址严格区分开，避免地址重叠。

3. 输入接口的扩展

三态门缓冲器 74LS244 与 80C51 单片机扩展输入接口连线如图 8-11 所示。

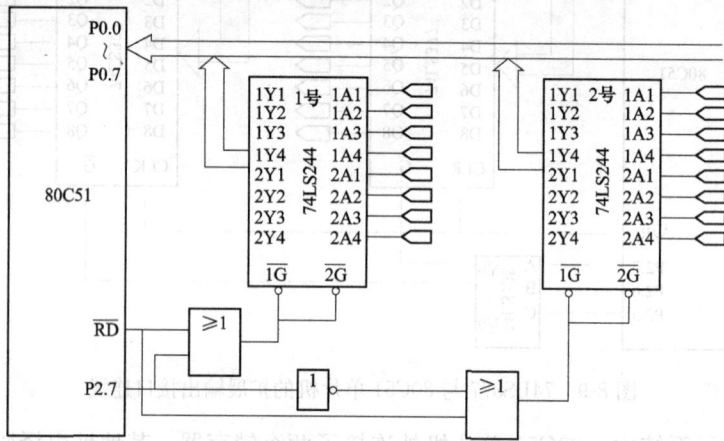

图 8-11　三态门缓冲器 74LS244 与 80C51 单片机扩展输入接口连线

在图 8-11 所示系统中，80C51 单片机外连接了两个三态门，其地址分别为 0FFFFH 和 7FFFH。其地址由 P2.7 和 $\overline{RD}$ 的连线方法决定，本例可扩展 8 个 I/O 接口。

74LS244 是一种施密特触发的 8 三态门电路，有 20 个引脚，其引脚及功能如图 8-12 所示。

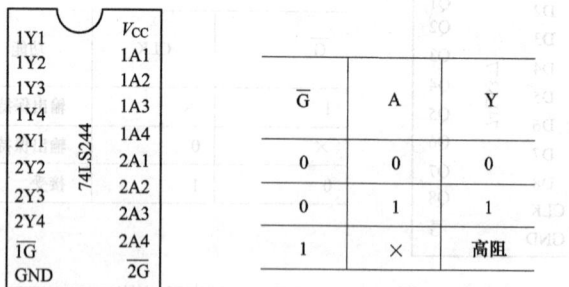

$\overline{G}$	A	Y
0	0	0
0	1	1
1	×	高阻

图 8-12　74LS244 引脚及功能

74LS244 内部具有两个 4 位的三态缓冲器，可扩展两个四位输入接口或一个 8 位输入接口。1A1～1A4 和 2A1～2A4 为输入端，1Y1～1Y4 和 2Y1～2Y4 为输出端。当它的控制端 $\overline{1G}$（$\overline{2G}$）为低电平时，输出等于输入（直通），当控制端 $\overline{1G}$（$\overline{2G}$）为高电平时，输出呈高阻状态。

要注意将输出接口的地址与扩展 RAM 的地址、扩展输入接口的地址严格区分开，避免地址重叠。

8.3.2　8255A 可编程并行 I/O 接口的扩展

8255A 是 Intel 公司采用 CHMOS 工艺生产的一种高性能通用可编程并行 I/O 接口芯片，可直接与 MCS-51 系列单片机连接，用于扩展并行 I/O 接口。8255A 的内部结构和引脚如图 8-13 和图 8-14 所示。

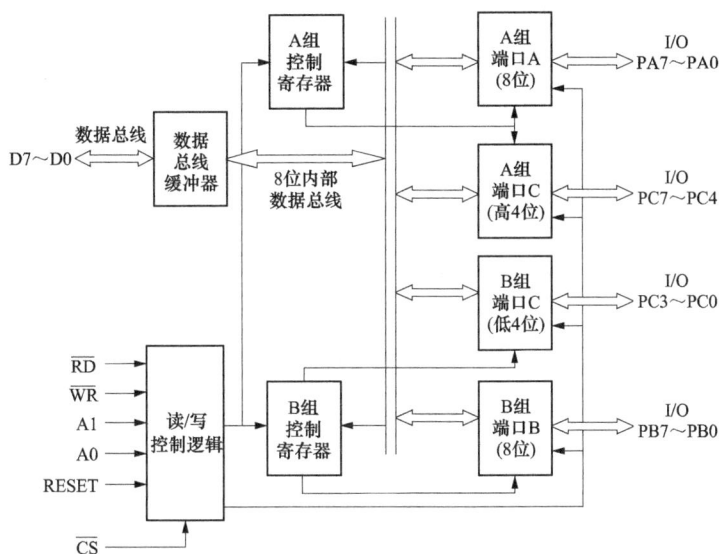

图 8-13　8255A 内部结构

1. 8255A 的组成

（1）数据总线缓冲器。数据总线缓冲器是一个三态、双向、8 位寄存器，8 条数据线 D0～D7 与单片机数据总线相接，实现单片机与 8255A 之间的数据传送。

（2）读/写控制逻辑。读/写控制逻辑电路用来接收单片机总线的读信号 $\overline{RD}$、写信号 $\overline{WR}$ 和片选择信号 $\overline{CS}$，端口选择信号 A1、A0 和复位信号 RESET，用于控制 8255A 内部寄存器的读/写操作和复位操作。

（3）A 组和 B 组控制逻辑。内部控制逻辑包括 A 组控制与 B 组控制两部分。A 组控制寄存器用来控制 PA 接口 PA7～PA0 和 PC 接口的高 4 位 PC7～PC4；B 组控制寄存器用来控制 PB 接口 PB7～PB0 和 PC 接口的低 4 位 PC3～PC0。它们接收 CPU 发送来的控制命令，对 PA、PB、PC 接口三个接口的输入/输出方式进行控制。

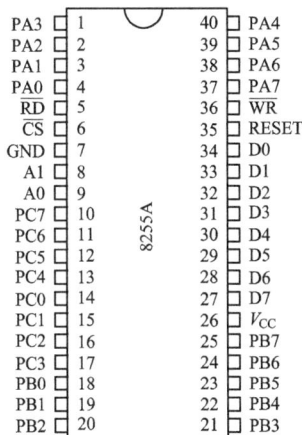

图 8-14　8255A 引脚

（4）I/O 接口。8255A 片内有 PA、PB、PC 三个 8 位并行接口，PA 接口和 PB 接口分别有 1 个 8 位的数据输出锁存/缓冲器和 1 个 8 位数据输入锁存器，它可编程为 8 位输入/输出寄存器。其中 PA 接口可编程为 8 位双向输入/输出寄存器，PB 接口不可以；PC 接口有 1 个 8 位数据输出锁存/缓冲器和 1 个 8 位数据输入缓冲器，这个接口在方式控制字控制下，可分为两个 4

位接口使用。此外，PC 接口还可为 PA 接口和 PB 接口提供状态信号。

2. 8255A 的引脚

8255A 是 40 引脚双列直插式芯片，引脚功能如下：

D7~D0：三态、双向数据线。

$\overline{CS}$：片选信号线，低电平有效时，芯片被选中。

A1、A0：地址线，用来选择内部端口。

$\overline{RD}$：读出信号线，低电平有效时，允许数据读出。

$\overline{WR}$：写入信号线，低电平有效时，允许数据写入。

RESET：复位信号线，高电平有效时，将所有内部寄存器（包括控制寄存器）清 0。

PA7~PA0：A 接口输入/输出信号线。

PB7~PB0：B 接口输入/输出信号线。

PC7~PC0：C 接口输入/输出信号线。

V_{CC}：+5V 电源。

GND：电源地线。

$\overline{CS}$、$\overline{WR}$、$\overline{RD}$ 和 A0、A1 的各种组合所实现的接口分配及读/写功能见表 8-8。

表 8-8   8255A 接口分配及读/写功能

$\overline{CS}$	$\overline{WR}$	$\overline{RD}$	A1	A0	功　能
0	0	1	0	0	数据写入 A 接口
0	0	1	0	1	数据写入 B 接口
0	0	1	1	0	数据写入 C 接口
0	0	1	1	1	命令写入控制寄存器
0	1	0	0	0	读出 A 接口数据
0	1	0	0	1	读出 B 接口数据
0	1	0	1	0	读出 C 接口数据
0	1	0	1	1	非法操作

3. 工作方式

8255A 有三种工作方式，即方式 0、方式 1 和方式 2。在不同的工作方式下，其输入/输出的操作及与外设的连线方式也不同。

（1）工作方式 0。方式 0 又称为基本输入/输出方式，这种方式下，输出具有锁存功能，输入没有。外设与单片机之间适合采用无条件传送方式；也可把 C 接口的某一位与外设状态相连，以查询方式使用 A 接口和 B 接口传送数据。由于该方式使用十分简单，它的应用是非常广泛的。

PA、PB、PC 接口均可工作在方式 0，作为 8 位的并行 I/O 接口，但 PC 接口又可分为 2 个 4 位 I/O 接口，PCH(PC7~PC4) 和 PCL(PC3~PC0)。

（2）工作方式 1。方式 1 又称为选通输入/输出方式。在方式 1 下，A 接口和 B 接口两个接口仍作数据输入/输出，而 PC 接口则分为两个部分，分别作为 PA 接口和 PB 接口的数据传送联络信号。该方式下，数据传送采用查询方式或中断方式进行。具体规定如下。

1）若 PA 接口作为输入接口：PC3＝INTRA，PC4＝$\overline{STB}$，PC5＝IBFA。

2）若 PB 接口作为输入接口：PC0＝INTRB，PC1＝IBFB，PC2＝$\overline{STB}$。

3）若 PA 接口作为输出接口：PC3＝INTRA，PC6＝$\overline{ACK}$，PC7＝$\overline{OBF}$ A。

4）若 PB 接口作为输出接口：PC0＝INTRB，PC1＝$\overline{OBF}$ B，PC2＝$\overline{ACK}$。

方式 1 下，用中断传送方式时，要用 PC 接口置位/复位命令将 PC 接口中的中断允许位 INTEA 或 INTEB 置"1"。不论 PA、PB 接口工作于什么方式，PC 接口中没有用的引脚线均可作为一般 I/O 使用。

（3）工作方式 2。方式 2 又称为双向输入/输出方式，只有 PA 接口才具备这种方式。在方式 2 下，PA 接口既可用来输入 8 位数据，又可用来输出 8 位数据。

8255A 为 PA 接口规定的联络信号和中断请求信号有 PC7＝$\overline{OBF}$，PC6＝$\overline{ACK}$，PC5＝IBF，PC4＝$\overline{STB}$，PC3＝INTR。实际上，此时 PA 接口的功能相当于将方式 1 中的输入和输出两种功能同时集中于 PA 接口，所以方式 2 同样适用于查询方式和中断方式。

4. 8255A 与 80C51 单片机的连接

图 8-15 是 8255A 与 80C51 单片机连接的一种接法。

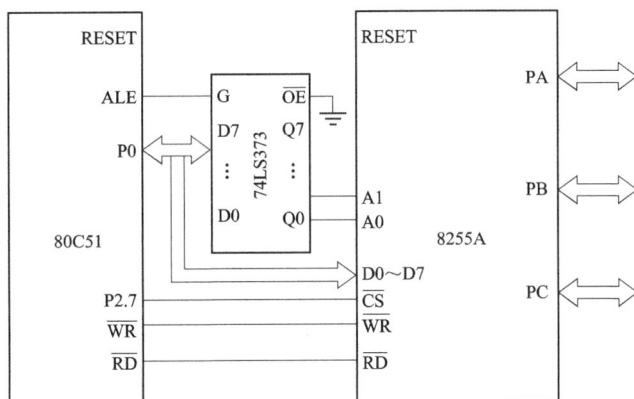

图 8-15　8255A 与 80C51 单片机的扩展连接图

8255A 与外设的连接要根据具体情况来采取不同的方案。

5. 8255A 的初始化

所谓的初始化就是在完成硬件连接后，我们要对 8255A 进行编程，即将相关的方式控制字和 PC 接口置位/复位控制字送入 8255A，以设定接口芯片的工作方式和选择芯片的接口功能。这是 8255A 进入工作状态前，必须要做的工作。

注意：两种不同类型的控制字都是写入同一个端口，或者说在"输出"指令中，使用的是同一个接口地址。

（1）方式控制字。方式控制字是用来对 PA、PB、PC 接口的工作方式进行选择，并规定各接口的输入/输出方向。该字的特征标志是最高位为"1"，它的格式如图 8-16 所示。

在方式控制字中，设置 PA 接口为输入或输出，则其 8 位线全为输入或输出，PB 接口与 PA 接口一样。而 PC 接口是分两组设置，高 4 位和低 4 位的输入输出方向可以不同。

例如，PA、PB 接口工作在方式 0 输出，PC 接口全部用以输入，则方式控制字的代码

		0	输出	
C3～C0		1	输入	
B接口		0	输出	B组
		1	输入	
方式		0	方式0	
		1	方式1	
C7～C4		0	输出	
		1	输入	
A接口		0	输出	A组
		1	输入	
方式		00	方式0	
		01	方式1	
		10	方式2	

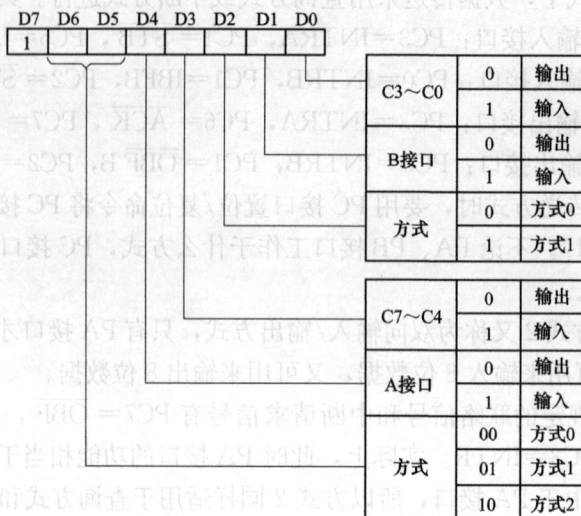

图 8-16　8255A 的方式控制字

为 89H。

PB 接口工作在方式 0 输出，PC3～PC0 输入，PC7～PC4 输出，则方式控制字的代码为 81H。

（2）PC 接口按位置位/复位控制字。PC 接口按位置位/复位控制字是用以规定 PC 接口的某条引线输出"0"，还是输出"1"。该字的特征标志是最高位为"0"，其格式如图 8-17 所示。

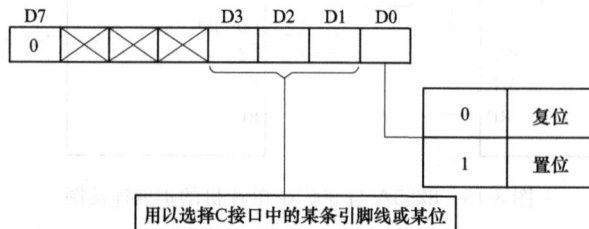

图 8-17　8255A 的 PC 接口按位置位/复位控制字

该控制字一次只能规定 PC 接口中的某一条线的输出信号，若要规定两条线的输出信号，则需要设置两个这样的控制字。例如，将 PC 接口中 PC3 置"1"，PC0 置"0"，则对应的两个 C 接口置位/复位控制字是 00000111B(07H) 和 00000000B(00H)。

【例 8-1】　在图 8-13 中 PA 接口接一组开关，PB 接口接 LED，由开关状态决定 LED 的状态。

解：依据题意，PA 接口作输入接口，工作于方式 0；PB 接口作输出接口，工作于方式 1，则控制字为

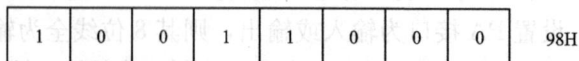

| 1 | 0 | 0 | 1 | 1 | 0 | 0 | 0 | 98H |

在图 8-15 中取 PA、PB、PC 接口及控制接口的地址分别为 7FFCH、7FFDH、7FFEH、7FFFH。程序如下：

```
MOV    DPTR,＃7FFFH
MOV    A,＃98H
MOVX   @DPTR,A
MOV    DPTR,＃7FFCH
MOVX   A,@DPTR
INC    DPTR
MOVX   @DPTR,A
```

8.3.3　显示器及键盘接口

1. 显 示 器

（1）LED 显示器结构。在单片机应用系统中常用的显示器有发光二极管显示器（LED）和液晶显示器（LCD），它们都有两种显示结构，即段式显示和点阵显示。

段式 LED 显示器由发光二极管字段组成，有七段和"米"字段之分，单片机常用七段 LED 作显示器，简单方便。

七段 LED 作显示器分为共阴极和共阳极两种，其结构如图 8-18 所示。

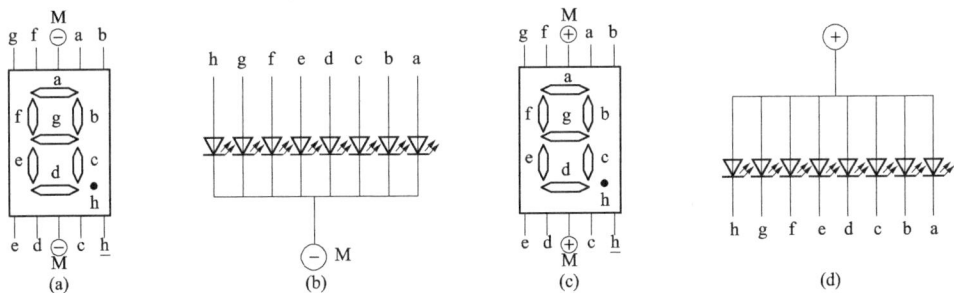

图 8-18　七段 LED 作显示器

(a) 共阴极；(b) 共阴极内部结构；(c) 共阳极；(d) 共阳极内部结构

（2）LED 显示方式。

1）静态显示方式。静态显示方式是显示器显示某一字符时，相应位的发光二极管恒定地导通或截止，直到显示另外一个字符为止。图 8-19 为并行输出的 3 位共阳 LED 静态显示接口电路。

静态显示方式的优点是接口编程简单，在导通电流一定的情况下，显示器的亮度强。此外，系统运行过程中，仅仅在需要更新显示器内容时，CPU 才执行一次显示程序，这样提高了 CPU 的利用率。不足之处就是占用 I/O 接口硬件资源较多。

2）动态显示方式。动态显示方式是把所有显示器 8 个笔划段的各个同段名称并联接在一起，并接在字段输出接口上，公共段接在位输出接口上。一组 LED 显示器由两组信号分别控制，一组是字段输出接口输出字形代码信号，这些字形代码信号又称段码；另一组是位输出接口输出控制信号，用来选择哪一个显示器工作，这些控制信号称为位码。

图 8-20 为 4 位动态 LED 显示器接口。

在图 8-15 中把 PA、PB、PC 6 口以及翻接口的地址分别为 7EFCH、7EFDH、7EFEH、7EFFH 等。

```
MOV   DPTR, #7EFDH
MOV   A, #98H
MOVX  @DPTR, A
MOV   DPTR, #7EFCH
MOVX  @DPTR, A
JNZ   DPTR
MOVX  @DPTR, A
```

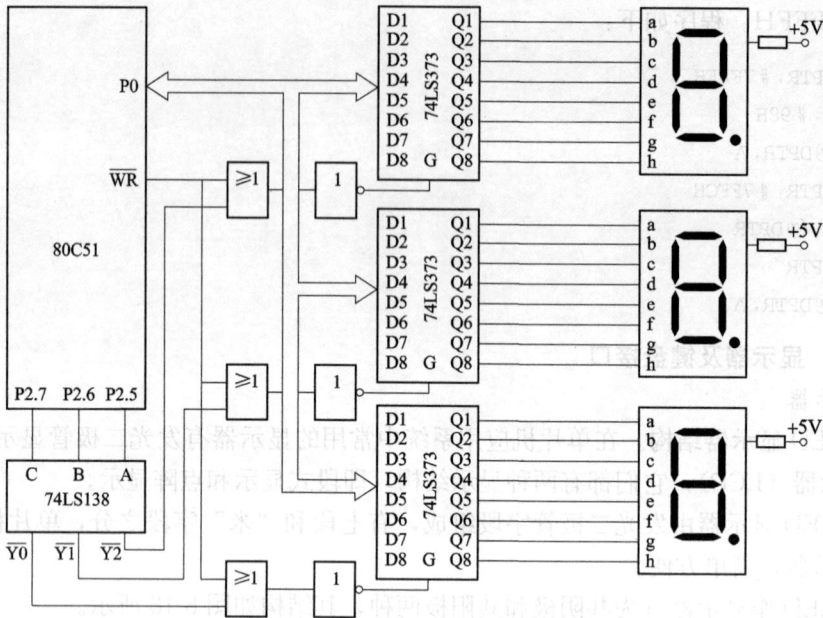

图 8-19　并行输出的 3 位共阳 LED 静态显示接口电路

4.3.5　显示器及其接口

1. 显示器

（1）LED 显示器的结构。在单片机应用系统中常用的数字显示器是 LED（发光二极管）数码显示器（简称 LED 数码管）。LED 数码管是由发光二极管显示字段的显示器件。LED 数码管按显示字段可分为半导体管、米字型和点阵式等，在此仅介绍常用七段显示器，即显示字段由七段发光二极管组成。七段 LED 数码管内部的七个发光二极管分别对应 LED 数码管的七段笔画。

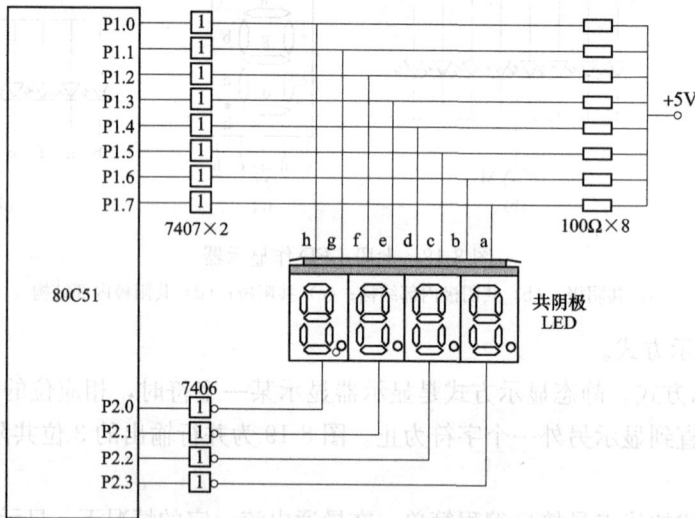

图 8-20　4 位动态 LED 显示器接口

程序如下：

```
DISP:  MOV   R0, #08H      ;位码初始化，使显示器最左边位亮
       MOV   R3, #04H      ;显示位数初值
       MOV   P2, #0FFH
       MOV   R1, 40H       ;取首位要显示段码
       MOV   DPTR, #TABLE  ;字段码表首址
```

```
LOOP1: MOV   A,R0                        ;取出当前位码
       MOV   P2,A                        ;位码输出
       RR    A                           ;指向下一位码
       MOV   R0,A                        ;暂存位码
       MOV   A,@R1                       ;取出显示值
       MOVC A,@A+DPTR                    ;查表得到对应段码
       MOV   P1,A                        ;段码送段口
       INC   R1                          ;指向下一段码数据
       LCALL  DELAY                      ;调用延时程序
       DJNZ  R3,LOOP1
       AJMP  DISP
DELAY: PUSH   00H
       MOV   R6,#125
DELY1: NOP
       NOP
       DJNZ  R6,DELY1
       POP   00H
       RET
TABLE: DB    3FH,06H,5BH,4FH,66H,6DH
       DB    7DH,07H,7FH,6FH,77H,7CH
       DB    39H,5EH,79H,71H,40H,00H
```

2. 键盘接口

键盘是计算机最常用的输入设备,按其结构形式可分为编码键盘和非编码键盘。编码键盘是能由硬件逻辑自动提供与按键对应的键码,如 PC 机使用的标准键盘。其特点为使用方便、编程简单,但接口复杂,在单片机应用系统中较少使用。而非编码键盘是按键排列成一个行列矩阵,按键只是实现接点的接通和断开,对按键的编码必须通过软件编程实现。其特点是硬件电路和接口简单、价格低廉,在单片机应用系统中得以普遍使用。下面介绍编码键盘。

键盘有两种状态,即断开和闭合,可分别用高电平和低电平表示。一般的按键开关都为机械弹性开关,由于机械触点的弹性作用,一个按键开关在闭合时并不会马上稳定地闭合,断开时也不会马上断开,因而机械开关在断开和闭合的瞬间均伴随一连串的电压抖动现象,如图 8-21 所示。电压抖动一般在 10~20ms 之间。

为提高系统的稳定性,我们必须去除或避开它。消除办法有多种,常用软件延时的方法消除抖动。当单片机检测到有键按下时先延时 10ms,然后检测按键的状态,若仍是闭合状态则认为真正有键按下。当检测按键释放时,也用同样方法。

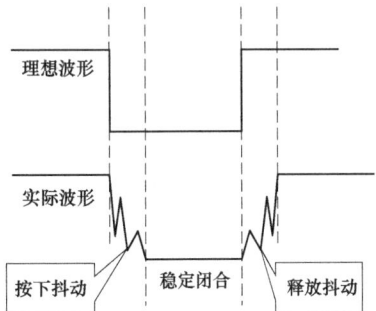

图 8-21　按键在闭合和断开时,
电压抖动

(1) 独立式按键及其接口。独立式按键的各个按键相互独立,每个按键独立与一个数据

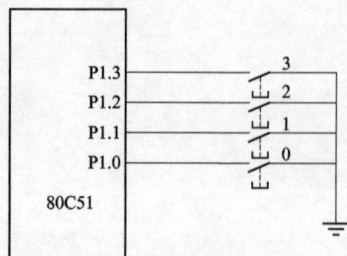

图 8-22 独立式按键连接

输入线相连，如图 8-22 所示。

图 8-22 中四个独立式按键与单片机 P1 接口的低四位相连，通过检测 P1 接口高低电平来判断是否有键按下。若芯片内无上拉电阻，这时应该在芯片外连接上拉电阻。

独立式键盘配置灵活，软件结构简单，但每个按键必须占用一根接口线，在按键数量多时不适合使用。

扫描程序如下：

```
KEY:ORL   P1,#0FFH         ;置 P1 接口为输入方式
    MOV   A,P1             ;读 P1 接口信息
    JNB   ACC.0,KEY1       ;0 号键按下，转 0 号键处理程序
    JNB   ACC.1,KEY2       ;1 号键按下，转 1 号键处理程序
    JNB   ACC.2,KEY3       ;2 号键按下，转 2 号键处理程序
    JNB   ACC.3,KEY4       ;3 号键按下，转 3 号键处理程序
    LJMP  KEY
    ...
KEY1:LJMP  PROG0
KEY2:LJMP  PROG1
KEY3:LJMP  PROG2
KEY4:LJMP  PROG3
    ...
PROG0:...
    LJMP  KEY
PROG1:...
    LJMP  KEY
PROG2:...
    LJMP  KEY
PROG3:...
    LJMP  KEY
```

（2）矩阵式键盘及其接口。矩阵式键盘采用行列式结构，按键设置在行列的交点上，如图 8-23 所示。

图 8-23 中四根行线 X0～X3 接至单片机的 P1.0～P1.3（作输入接口），四根列线 Y0～Y3 接至单片机的 P1.4～P1.7（作输出接口）。判断是否有键按下可首先使所有列线为低电平，然后读行线状态。若行线均为高电平，则没有键按下；若读出行线状态有为低电平的，则可判断有键按下。要想判断是哪一个键按下，先让某一列线为低电平，其余列线为高电平，读行线状态，如行线状

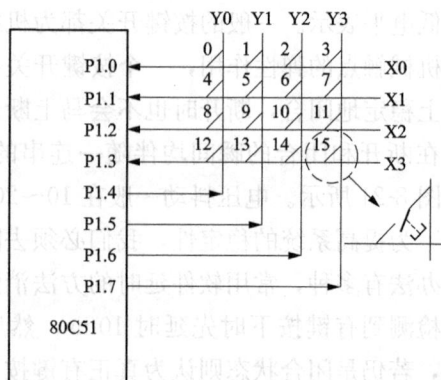

图 8-23 矩阵式按键连接

态不全为"1"，则说明按键在该列。其余列类推。

实现此方法的程序如下：

```
KEY:   MOV   P1,#0FH            ;置 P1 接口高 4 位为"0"、低 4 位为输入状态
       MOV   A,P1               ;读 P1 接口
       ANL   A,#0FH             ;屏蔽高 4 位
       CJNE  A,#0FH,KEY1        ;有键按下，转 KEY1
       SJMP  KEY                ;无键按下转回
KEY1:  LCALL DELAY10            ;延时 10ms，去抖
       MOV   A,P1               ;
       ANL   A,#0FH             ;
       CJNE  A,#0FH,KEY2        ;确认有键按下，转判哪一键按下
       SJMP  KEY                ;是抖动转回
KEY2:  MOV   P1,#1110 1111B     ;置扫描码，检测 P1.4 列
       MOV   A,P1               ;
       ANL   A,#0FH             ;
       CJNE  A,#0FH,KEY3        ;P1.4 列（Y0）有键按下，转键处理
       MOV   P1,#1101 1111B     ;置扫描码，检测 P1.5 列
       MOV   A,P1               ;
       ANL   A,#0FH             ;
       CJNE  A,#0FH,KEY3        ;P1.5 列（Y1）有键按下，转键处理
       MOV   P1,#1011 1111B     ;置扫描码，检测 P1.6 列
       MOV   A,P1               ;
       ANL   A,#0FH             ;
       CJNE  A,#0FH,KEY3        ;P1.6 列（Y2）有键按下，转键处理
       MOV   P1,#0111 1111B     ;置扫描，检测 P1.7 列
       MOV   A,P1               ;
       ANL   A,#0FH             ;
       CJNE  A,#0FH,KEY3        ;P1.7 列（Y3）有键按下，转键处理
       LJMP  KEY                ;
KEY3:  …                        ;键处理
```

此例，键处理是根据按键散转移进入相应的功能程序。通常为了方便，对每个键进行编号。例如第一行第三个键，可表示为 13H（或 31H）。根据键号就可方便散转移进入相应的功能程序。

当按键数目大于 16 个时，需要增加 I/O 接口来满足行列扫描的按键数。

8.4　A/D 转换器接口

在单片机应用系统中，被检测或被控制的往往是一些模拟量，如温度、压力、流量、电压、电流等，而单片机只能识别数字量。因此，需要先将模拟量转换为数字量后，才能由单片机处理。能实现这一功能的器件就是 A/D 转换器。实现 A/D 转换功能的器件有很多种类，在这里介绍模数转换器芯片 AD574。

8.4.1 AD574 芯片

AD574 是一种带有三态缓冲器的快速 12 位逐次逼近型 A/D 转换芯片，可直接与 8 位或 16 位微处理器相连，而无须附加逻辑接口电路。片内有高精度的参考电源和时钟电路，不需要外接时钟和参考电压等电路就可正常工作。AD574 的转换时间为 25μs。

1. AD574 的性能参数

（1）逐次逼近 ADC，可选择工作于 12 位，也可工作于 8 位。转换后的数据有两种读出方式：12 位一次读出和 8 位、4 位两次读出。具有可控三态输出缓冲器，逻辑电平为 TTL 电平。

（2）非线性误差：AD574AJ 为±1LSB，AD574AK 为±1/2LSB。

（3）转换时间：最大转换时间为 25μs(属中档速度）。

（4）输入模拟信号，单极性时，范围为 0～＋10V 和 0～＋20V，从不同引脚输入。双极性输入时，范围为 0～±5V 和 0～±10V，从不同引脚输入。

（5）输出码制：单极性输入时，输出数字量为原码，双极性输入时，输出为偏移二进制码。

（6）具有＋10.000V 的高精度内部基准电压源，只需外接一只适当阻值的电阻，便可向 DAC 部分的解码网络提供参考输入。内部具有时钟产生电路，不须外部接线。

（7）需三组电源：＋5V、V_{CC}（＋12～＋15V）、V_{EE}（－12～－15V）。由于转换精度高，所提供电源必须有良好的稳定性，并进行充分滤波，以防止高频噪声的干扰。

（8）低功耗：典型功耗为 390mW。

2. AD574A 的引脚

AD574A 是 AD574 的改进产品，AD574A 的引脚排列如图 8-24 所示。

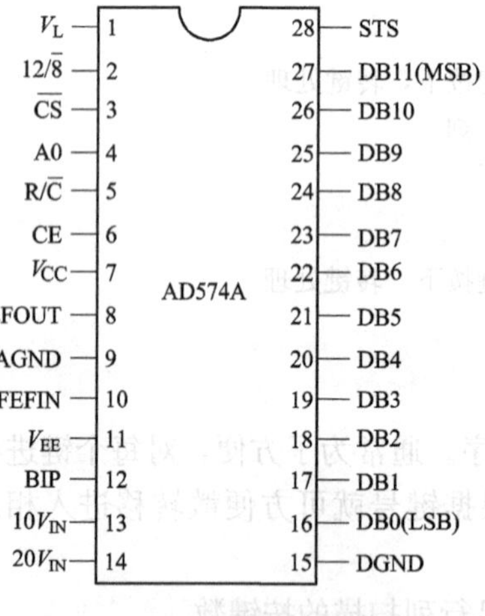

V_L 1
$12/\overline{8}$ 2
$\overline{CS}$ 3
A0 4
$R/\overline{C}$ 5
CE 6
V_{CC} 7
REFOUT 8
AGND 9
FEFIN 10
V_{EE} 11
BIP 12
$10V_{IN}$ 13
$20V_{IN}$ 14
28 STS
27 DB11(MSB)
26 DB10
25 DB9
24 DB8
23 DB7
22 DB6
21 DB5
20 DB4
19 DB3
18 DB2
17 DB1
16 DB0(LSB)
15 DGND
AD574A

图 8-24 AD574A 引脚排列

AD574A 的引脚符号含义如下。

V_L：数字逻辑部分的电源＋5V。

$12/\overline{8}$：数据输出格式选择端。当 $12/\overline{8}$ 置“1”时，双字节输出，即 12 条数据线同时有效输出；当 $12/\overline{8}$ 置“0”时为单字节输出，即只有高 8 位或低 4 位有效。

$\overline{CS}$：片选信号，当 $\overline{CS}$＝0，CE＝1 时，AD574A 才能处于工作状态。

CE：芯片使能信号，高电平有效。

A0：字节选择控制线。在启动 AD574A 时，用来控制转换长度。当 A0＝0 时，按完整的 12 位 A/D 转换方式工作；当 A0＝1 时，则按 8 位 A/D 转换方式工作。在 AD574A 处于数据读出工作状态时，A0 和 $12/\overline{8}$ 作为数据输出格式控制。当 $12/\overline{8}$＝1 时，对应 12 位并行输出；当 $12/\overline{8}$＝0 时，则对应 8 位单字节输出，A0＝0 时输出高 8 位，A0＝1 时输出低 4 位。另外的半字节补 4 个 0。在数据输出期间不能变换。

$R/\overline{C}$：读数据/转换控制信号，当 $R/\overline{C}$＝1，ADC 转换结果的数据允许被读取；当 $R/\overline{C}$

=0 时，则允许启动 A/D 转换。

V_{cc}：模拟部分供电的正电源，为＋12V 或＋15V。

REFOUT：内部参考电源输出（＋10V）。

AGND：模拟地。

REFIN：参考电压输入。

V_{EE}：模拟部分供电的负电源，为－12V 或－15V。

BIP：偏置电压输入。接至正负可调的分压网络，以调整 ADC 输出的零点。

$10V_{IN}$：±5 V 或 0～10V 模拟输入。

$20V_{IN}$：±10V 或 0～20V 模拟输入。

DGND：数字地。

DB0～DB11：数字量输出，高半字节为 DB8～DB11，低半字节为 DB0～DB7。

STS：状态信号输出端。当 STS=1 时，表示转换器正处于转换状态；当 STS 返回低电平时，表示转换完毕。STS 可作为状态信息被 CPU 查询，也可用它的下降沿向 CPU 发出中断申请。

表 8-9 列出了 AD574A 各引脚的功能，在应用时可做参考。

表 8-9   **AD574A 引脚功能**

CE	$\overline{CS}$	R/$\overline{C}$	12/$\overline{8}$	A0	功能说明
1	0	0	×	0	启动 12 位转换
1	0	0	×	1	启动 8 位转换
1	0	1	接引脚 1	×	12 位数据并行输出
1	0	1	接引脚 15	0	高 8 位数据输出
1	0	1	接引脚 15	1	低 4 位数据尾接 4 位 0 输出

3. AD574A 的单极性和双极性输入

图 8-25（a）为 AD574A 单极性输入电路，图 8-25（b）为 AD574A 双极性输入电路。

（1）单极性输入电路。当输入电压为 $V_{IN}=0～+10V$ 时，应从引脚 $10V_{IN}$ 输入，当 $V_{IN}=0～+20V$，应从 $20V_{IN}$ 引脚输入。输出数字量 D 为无符号二进制码，计算公式为

$$D=4096V_{IN}/V_{FS} \tag{8-1}$$

或

$$V_{IN}=DV_{FS}/4096 \tag{8-2}$$

式中 V_{IN}——输入模拟量，V；

      V_{FS}——满量程，V。

例如，从 $10V_{IN}$ 引脚输入，$V_{FS}=10V$，分辨率 1LSB=10/4096=24mV；若信号从 $20V_{IN}$ 引脚输入，$V_{FS}=20V$，1LSB=20/4096=49mV。

图 8-25（a）中，RP1 为调零电位器，即保证输入 $V_{IN}=0V$ 时，输出数字量 D 为全零。

（2）双极性输入电路。图 8-25（b）中，RP1 用于调整双极性输入电路的零点。如果输入信号 V_{IN} 在－5～+5V 之间，应从 $10V_{IN}$ 引脚输入；当 V_{IN} 在－10～+10V 之间，应从 $20V_{IN}$ 引脚输入。

双极性输入时输出数字量 D 与输入模拟电压 V_{IN} 之间的关系为

$$D=2048(1+2V_{IN}/V_{FS}) \tag{8-3}$$

或
$$V_{IN}=(D/2048-1)V_{FS}/2 \tag{8-4}$$

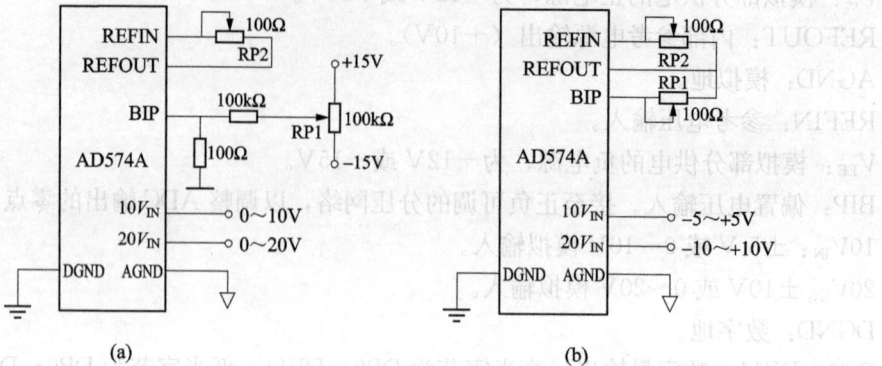

图 8-25　AD574A 模拟输入电路
(a) 单极性输入电路；(b) 双极性输入电路

由式（8-3）求出的数字量 D 是 12 位偏移二进制码。把 D 的最高位求反便得到补码。补码对应模拟量输入的符号和大小。例如，当模拟信号从 $10V_{IN}$ 引脚输入，则 $V_{FS}=10V$，若读得 D=FFFH，即 111111111111B=4095，代入式（8-4）中，可求得 $V_{IN}=4.9976$ V。

8.4.2　AD574A 与单片机的连接

图 8-26 中采用双极性输入方式，可对 ±5V 或 ±10V 的模拟信号进行转换。由于 AD574A 输出 12 位数据，所以单片机应分两次读取转换结果。当 A0＝0 时，读取高 8 位；当 A0＝1 时，读取低 4 位。

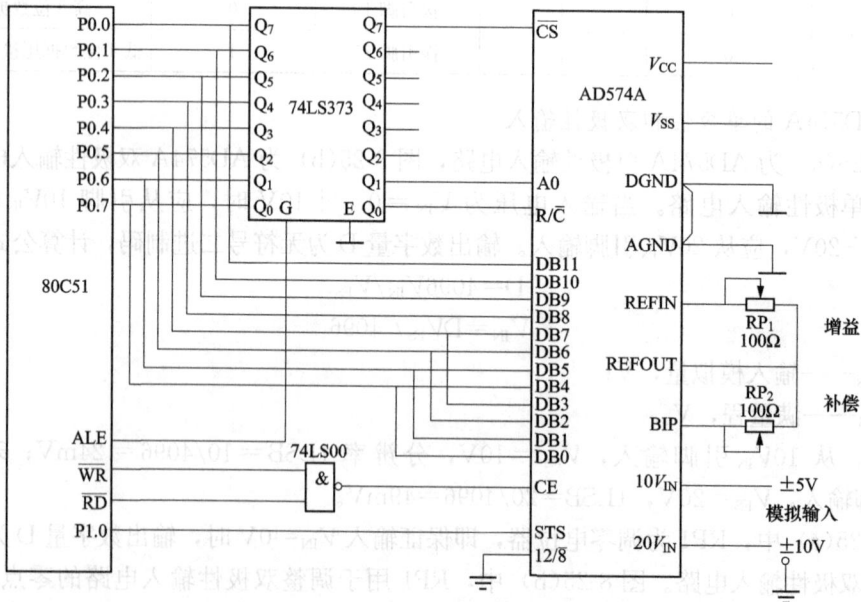

图 8-26　AD574A 与单片机的连接

A/D 转换结果的读取有三种方式：

（1）STS 空着不接，单片机就只能在启动 AD574A 转换后延时 25μs 以上再读取转换结果，即延时方式。

（2）STS 接到 80C51 的一条端口线上，单片机就可采用查询方式。当查得 STS 为低电平时，表示转换结束。

（3）STS 接到 80C51 的 $\overline{\text{INT1}}$ 端，则可采用中断方式读取转换结果。图 2-26 中 AD574A 的 STS 与 80C51 的 P1.0 线相连，故采用查询方式读取转换结果。

按查询方式设计的 AD574A 转换程序如下：

```
STA/D: MOV    DPTR, #7FF8H      ; 送接口地址入 DPTR
       MOVX   @DPTR, A          ; 启动 AD574A
       SETB   P1.0              ; 置 P1.0 为输入方式
LOOP:  JB     P1.0, LOOP        ; 检测 P1.0 接口
       INC    DPTR              ; 使 R/C 为 1
       MOVX   A, @DPTR          ; 读取高 8 位数据
       MOV    41H, A            ; 高 8 位内容存入 41H 单元
       INC    DPTR              ; 使 R/C 和 A0 为 1
       INC    DPTR              ;
       MOVX   A, @DPTR          ; 读取低 4 位
       MOV    40H, A            ; 将低 4 位内容存入 40H 单元
       ...
```

8.5 D/A 转换器接口

数/模转换器（D/A）是一种把数字信号转换为模拟信号的器件。下面介绍常用实现这一功能的器件 DAC0832。

8.5.1 DAC0832

DAC0832 是双列直插式 8 位 D/A 转换器。能完成数字量输入到模拟量（电流）输出的转换。图 8-27 和图 8-28 分别为 DAC0832 的引脚和内部结构。

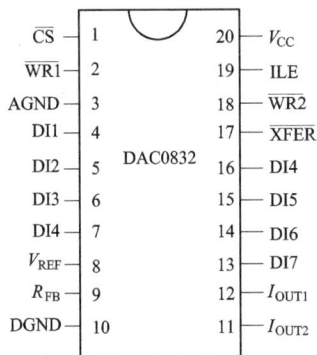

图 8-27　DAC0832 引脚

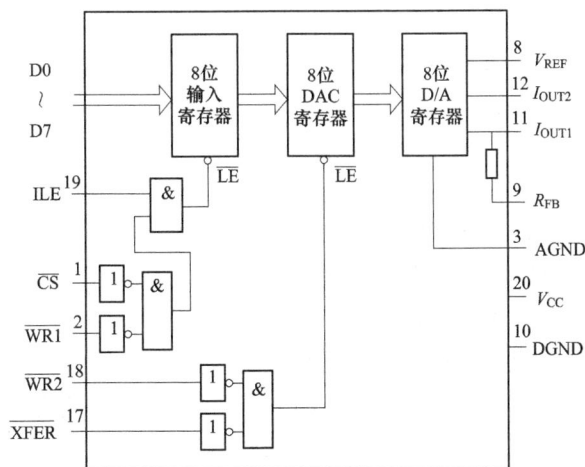

图 8-28　DAC0832 内部结构

1. DAC0832 的主要参数

(1) 分辨率为 8 位。

(2) 转换时间为 $1\mu s$。

(3) 满量程误差为 ±1LSB。

(4) 参考电压为（$+10>$span>-10）V，供电电源为 $+5\sim+15$V。

(5) 逻辑电平输入与 TTL 兼容。

从图 8-28 可知，在 DAC0832 中有两级锁存器，第一级锁存器称为输入寄存器，它的允许锁存信号为 ILE，第二级锁存器称为 DAC 寄存器，它的锁存信号也称为通道控制信号 $\overline{\text{XFER}}$。

2. DAC0832 的引脚

(1) $\overline{\text{CS}}$：片选信号，输入低电平有效，与 ILE 配合，可控制写信号 $\overline{\text{WR1}}$ 是否有效。

(2) ILE：允许锁存信号，输入高电平有效。输入锁存器 $\overline{\text{LE1}}$ 由 ILE、$\overline{\text{CS}}$、$\overline{\text{WR1}}$ 的逻辑组合产生。当 ILE 为高电平，$\overline{\text{CS}}$ 为低电平，$\overline{\text{WR1}}$ 输入负脉冲时，$\overline{\text{LE1}}$ 信号为正脉冲。LE1 为高电平时，输入锁存器的状态随着数据输入线的状态变化，$\overline{\text{LE1}}$ 的负跳变将数据线上的信息锁入输入锁存器。

(3) $\overline{\text{WR1}}$：写信号 1，输入低电平有效。当 $\overline{\text{WR1}}$、$\overline{\text{CS}}$、ILE 均有效时，可将数据写入输入锁存器。

(4) $\overline{\text{WR2}}$：写信号 2，输入低电平有效。当其有效时，在传送信号 $\overline{\text{XFER}}$ 的作用下，可将锁存在输入锁存器的 8 位数据送 DAC 寄存器。

(5) $\overline{\text{XFER}}$：数据传送控制信号，输入低电平有效。当 $\overline{\text{XFER}}$ 为低电平，$\overline{\text{WR2}}$ 输入负脉冲时，则在 $\overline{\text{LE2}}$ 产生正脉冲。LE2 为高电平时，DAC 寄存器的输出和输入锁存器状态一致，$\overline{\text{LE2}}$ 的负跳变将输入锁存器的内容锁入 DAC 寄存器。

(6) V_{REF}：基准电压输入端，可在 $-10\sim+10$V 范围内调节。

(7) DI7～DI0：数字量数据输入端。

(8) I_{OUT1}、I_{OUT2}：电流输出引脚。电流 I_{OUT1} 与 I_{OUT2} 的和为常数，I_{OUT1}、I_{OUT2} 随寄存器内容线性变化。

(9) R_{FB}：DAC0832 芯片内部反馈电阻引脚。

(10) V_{CC}：电源引脚，$+5\sim+15$V。

(11) DGND：数字地。

(12) AGND：模拟地。

8.5.2 DAC0832 与 80C51 单片机的接口

DAC0832 与 MCS-51 系列单片机主要有直通工作方式、单缓冲工作方式和双缓冲工作方式三种基本的接口方式。

(1) 直通工作方式是所有控制信号均有效，该方式只适用于连续反馈控制线路中。

(2) 单缓冲工作方式是输入寄存器和 DAC 寄存器同时接收数据，或者只使其中之一接成直通方式，另一个受 CPU 控制。

(3) 双缓冲工作方式是先控制输入寄存器接收数据，然后再控制 DAC 寄存器，此方式可实现多个 D/A 转换的同步输出。

1. 单缓冲工作方式

此方式适用于只有一路模拟量输出，或有几路模拟量输出但并不要求同步的系统。具体
接线如图 8-29 所示。

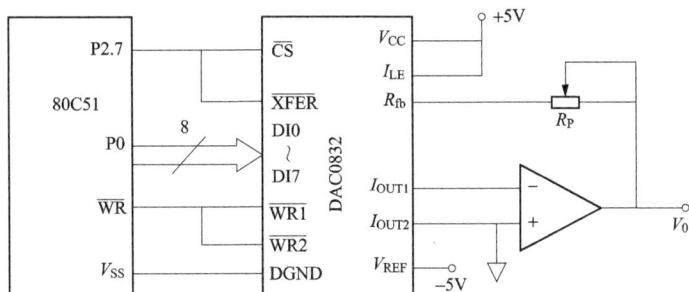

图 8-29　DAC0832 单缓冲工作方式与 80C51 单片机的接线

图 8-29 中 ILE 引脚接高电平，$\overline{WR1}$ 和 $\overline{WR2}$ 连在一起与单片机的 $\overline{WR}$ 相连，$\overline{CS}$ 和 $\overline{XFER}$
连在一起与单片机的 P2.7 相连，这样同时选择了输入寄存器和 DAC 寄存器。输入寄存器
和 DAC 寄存器的地址都为 7FFFH。

按图 8-29 接线，执行下面程序可产生三角波。

```
STDA: MOV   DPTR,#07FFH
      MOV   A,#0
      MOVX  @DPTR,A
      MOV   A,#40H
      MOVX  @DPTR,A
      MOV   A,#80H
      MOVX  @DPTR, A
      MOV   A,#0C0H
      MOVX  @DPTR,A
      MOV   A,#0FFH
      MOVX  @DPTR,A
      SJMP  $
```

8 位 D/A 转换器的输入数据与输出电压的关系为

$$U(0\sim-5V)=V_{REF}/256\times N \tag{8-5}$$

$$U(-5\sim+5V)=2\cdot V_{REF}/256\times N-5 \qquad V \tag{8-6}$$

其中，V_{REF} 为 +5V。

2. 双缓冲工作方式

多路 D/A 转换输出，如果要求同步进行，就应该采用双缓冲器同步方式。具体接线如
图 8-30 所示。

图 8-30 中两片 DAC0832 的 $\overline{WR1}$ 和 $\overline{WR2}$ 都相连后再一起与单片机的 $\overline{WR}$ 相连，
DAC0821(1) 和 DAC0832(2) 的片选端 $\overline{CS}$ 分别接在单片机的 P2.7 和 P2.6 引脚，由此可
知，DAC0821(1) 的输入寄存器地址为 7FFFH，DAC0821(2) 的输入寄存器地址为
0BFFFH；而两片 DAC0832 的 $\overline{XFER}$ 都接在单片机的 P2.5 引脚，故 DAC0821(1) 和

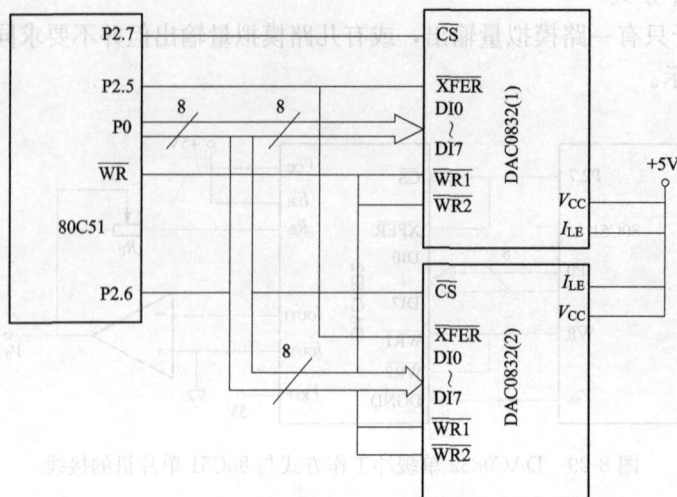

图 8-30　DAC0832 双缓冲工作方式与 80C51 单片机的接线

DAC0821(2) 的 DAC 寄存器的地址均为 0DFFFH，可作为两个 D/A 转换器的同步转换信号。

按图 8-28 接线，执行下面程序可完成两路 D/A 转换器的同步输出。

```
MOV     DPTR, #7FFFH      ;指向 0832(1) 输入锁存器
MOV     A, #data1         ;数字量 data1 送 A
MOVX    @DPTR, A          ;data1 送入 0832(1) 输入锁存器
MOV     DPTR, #0BFFFH     ;指向 DAC0832(2) 输入锁存器
MOV     A, #data2         ;数字量 data2 送 A
MOVX    @DPTR, A          ;data2 送入 0832(2) 输入锁存器
MOV     DPTR, #0DFFFH     ;同时启动 0832 (1)、0832(2)
MOVX    @DPTR, A          ;启动两个 DAC 寄存器，完成 D/A 转换输出
```

本 章 小 结

（1）单片机外部扩展程序存储器和数据存储器的最大容量都是 64KB。虽然 ROM 和 RAM 的地址重叠，但两者使用的控制信号不同，所以地址不会混淆。

（2）8255A 芯片内部包含三个 8 位 I/O 接口，可用同步、异步及中断方式传送 I/O 数据，被广泛用于要求扩展口较多的单片机应用系统。

（3）键盘和显示器是单片机与外设之间进行数据交换不可缺少的输入/输出设备。简单的输入/输出设备键盘和显示器的编程方法，对单片机应用系统开发必不可少。

（4）AD574A 是 12 位逐次逼近型快速 A/D 转换器，片内配置有三态输出缓冲电路，可直接与各种典型的 8 位或 16 位微处理器相连。片内还包含高精度的参考电压源和时钟电路，因而简化了外围电路，使用十分方便。

（5）DAC0832 是一种 8 位 D/A 转换器，输出为电流型，如果需要转换结果为电压，则

需要外接电流-电压转换电路。有三种工作方式，通过改变 ILE、$\overline{WR1}$、$\overline{WR2}$ 及 $\overline{XFER}$ 的连接方式来实现。

思考与练习题

一、判断题

1. 对于 8031 单片机而言，在外部扩展 EPROM 时，$\overline{EA}$ 引脚应接地。　　　　（　　）

2. 对于 8051、8751 单片机而言，在外部扩展 EPROM 时，$\overline{EA}$ 引脚可接＋5V 或接地。
　　　　（　　）

3. DAC0832 是 8 位 D/A 转换器，其输出量为数字电流量。　　　　（　　）

4. 8255A 片选端 $\overline{CS}$ 为高电平有效。　　　　（　　）

5. AD574A 是 12 位逐次逼近型快速 A/D 转换器。　　　　（　　）

二、单项选择题

1. 一个 EPROM 的地址有 A0～A11 引脚，它的容量为＿＿＿＿。
　　A. 2KB　　　　B. 4KB　　　　C. 11KB　　　　D. 12KB

2. 单片机要扩展一片 EPROM2764 需占用＿＿＿＿条 P2 接口线。
　　A. 3　　　　B. 5　　　　C. 6　　　　D. 8

3. 在存储器扩展电路中 74LS373 的主要功能是＿＿＿＿。
　　A. 存储数据　　　B. 存储地址　　　C. 锁存数据　　　D. 锁存地址

4. 8031 的外部程序存储器常采用的芯片是＿＿＿＿。
　　A. 2716　　　　B. 8255　　　　C. 74LS06　　　　D. 2114

5. 80C51 的 P2.5 引脚接 8255A 的 $\overline{CS}$，其余地址线取 1，8255A 控制口地址是＿＿＿＿。
　　A. 7FFFH　　　B. FFFFH　　　C. FF00H　　　D. 0DFFFH

三、问答题

1. 一个 8031 应用系统，用 2 片 2764 扩展 16KB 程序存储器 ROM，画出硬件接线图。

2. 当单片机应用系统中数据存储器 RAM 地址和程序存储器 EPROM 地址重叠时，是否会发生数据冲突，为什么？

3. 七段 LED 显示器有动态和静态两种显示方式，这两种显示方式要求 8051 系列单片机如何安排接口电路？

4. 设计 8051 键盘显示接口，采用中断扫描方式扩展 3×6 共 18 个键分别为 0～9、A～F、RUN 和 RESET 键，具体要求如下：

（1）按下 RESET 键后，单片机复位。

（2）按下 RUN 键后，系统进入地址为 2000H 的用户程序。

（3）按下 0～9、A～F 键后，键值存入内部 RAM，首地址为 40H。

试画出接口电路的硬件连接图并编写相应程序。

5. AD574 为 12 位 A/D 转换器，而 8051 系列单片机为 8 位单片机，它们如何接口？转换后的结果如何读取和存放？

6. DAC0832 与 80C51 单片机连接时有哪些控制信号？其作用是什么？

7. 已知 DAC0832 的地址为 7FFFH，输出电压为 0～5V，编写程序产生等宽矩形方波的转换程序，高电平为 2.5V，低电平为 1.25V。

8. 采用 8255A 扩展 I/O 接口，若 8255A 的 A 口接 8 个开关，B 口接 8 个发光二极管 LED，试编写将 A 口开关状态输入，在 B 口输出显示的开关程序。

第9章 MCS-51系列单片机应用系统设计开发过程

9.1 单片机应用系统设计的基本方法

单片机是构成控制系统的基本智能单元，其本身配置时钟电路、复位电路和电源后即为单片机最小系统。单片机内部功能单元不能满足测控对象要求时，通过系统扩展在外部补充相应的功能单元，如存储器、接口、中断系统、定时/计数器等，即构成了满足用户特定要求的单片机系统。根据测控系统的具体操作功能要求，通过系统配置将单片机系统构成满足特定应用要求的智能化系统，称为单片机应用系统。单片机应用系统的设计过程如图 9-1 所示。

图 9-1 单片机应用系统设计过程

9.1.1 确定设计要求

根据应用系统的任务和目的确定设计要求。一般在动手之前，要对总体方案进行反复论证，主要包括性能指标、系统组成、硬件与软件的功能划分等方面。

(1) 性能指标。确定产品的性能指标，要经过一定的市场调研，了解该系统的市场应用概况，分析系统的先进性、可靠性、性价比、当前存在的问题，提出系统应该具备的功能。

(2) 系统组成。首先要考虑的是单片机机型和器件的选择。目前市场上单片机的种类繁多，性能和价格差别较大，选择芯片要考虑以下几个方面：

1) 性能特点要适合所要完成的任务，避免过多的功能闲置。

2) 性价比要高，以提高整个系统的性价比。

3) 结构原理要熟悉，以缩短开发周期。

4) 货源要稳定，有利于批量的增加和系统的维护。

5) 机型一般应为市场流行的。

9.1.2 单片机应用系统的设计

单片机应用系统的设计包含硬件设计和软件设计。系统的硬件和软件要作统一的规划。因为一种功能往往是既可以由硬件实现，又可以由软件实现。用硬件实现速度比较快，可节省 CPU 的时间，但系统的硬件接线复杂、系统成本较高。用软件实现则较为经济，但要更多地占用 CPU 的时间。所以，在 CPU 时间不紧张的情况下，应尽量采用软件。如果系统回路多、实时性要求强，则要考虑用硬件完成。

1. 硬件设计

硬件的设计是根据总体设计要求，在选择完单片机机型的基础上，具体确定系统中所使用的元件，并设计出系统的电路原理图，经过必要的实验后完成工艺结构设计、电路板制作和样机的组装。

硬件设计主要是指应用系统的单片机电路设计、扩展电路设计、I/O 电路设计、控制面板设计。

（1）单片机电路设计包括电源电路设计、时钟电路设计、复位电路设计及 I/O 电路的设计。

（2）扩展电路设计包括程序存储器、数据存储器、I/O 接口电路等设计。

（3）I/O 电路设计包括传感器电路、放大器电路、A/D 转换电路、D/A 转换电路、开关电路等电路的设计。

（4）控制面板设计包括键盘、显示器等电路的设计。

硬件电路的设计要仔细推敲，避免出错返工，影响设计进度。在硬件电路设计时，若单片机内部资源已满足应用系统的要求，则不必进行扩展。此外，还应注意以下几点：

（1）尽可能选择标准模块化电路。

（2）在条件允许的情况下尽可能选用功能强、集成度高的芯片，尽可能采用最新技术。

（3）在满足应用系统设计要求的情况下，设计应该留有余地，以备将来修改和扩展。

（4）系统中各相关器件尽可能做到性能匹配，并且要充分考虑系统各部分的驱动能力。

（5）工艺设计要考虑安装、调试和维护方便。

2. 软件设计

单片机应用系统的设计中，软件设计占有重要的位置。单片机应用系统的软件通常应包括数据采集和处理程序、控制算法实现程序、人机联系程序、数据管理程序。软件设计通常采用模块化程序设计、自顶向下的程序设计方法。

软件设计中要注意下面几点：

（1）根据预完成的任务，将软件分成若干个独立的模块。

（2）尽量采用子程序结构。

（3）建立正确的数学模型。

（4）绘制程序流程图。

（5）合理分配存储器、定时/计数器、I/O 接口等资源。

（6）为提高程序的可读性，要加注释。

（7）加强软件抗干扰设计。

9.1.3　单片机应用系统设计的仿真

单片机作为一片集成了微型计算机基本部件的集成电路芯片，与通用微机相比，它自身没有开发功能，必须借助单片机开发系统来完成。单片机开发系统又称为开发机或仿真器。仿真的目的是利用开发机的资源来模拟欲开发的单片机应用系统的 CPU、存储器和 I/O 操作，并跟踪和观察目标机的运行状态。仿真器本身也是一个单片机应用系统，它可提供系统资源，模拟实际环境进行调试。

9.1.4　安装调试

系统的调试包括硬件调试和软件调试。硬件调试的任务是排除应用系统的硬件电路故障，如设计错误和工艺故障。软件调试是利用开发工具进行在线仿真调试。

在线仿真调试确认软、硬件设计无误后，就可安装调试。具体包括固化程序、电路板制作、元器件的焊接和安装、整机调试。

9.2　温度检测系统设计实例

设计温度检测系统，要求系统能够自动完成对温度量的采集、处理、显示和控制。该温度检测系统，可实现 −55～+150℃ 范围内的温度测量。

9.2.1　确定设计要求

1. 应用系统的目标和任务

本例中，控制系统要监控的是变压器的油温。该系统能够采集实时的温度信息，实现对温度的测量和显示。系统实现的功能如下：

（1）利用温度传感器采集变压器油温，将其由温度量转换为电信号，经量程变换后送至模/数转换器转换为数字信号。

（2）单片机控制多路开关完成对各路信息的采集。

（3）单片机控制显示器和键盘完成温度值显示。

（4）误差控制在 ±1℃ 范围内。

2. 系统组成框图

根据系统的目标和任务，该温度测量系统以 89C51 单片机为核心，将温度传感器输出的模拟电信号（电流）经 A/D 转换器转换为数字信号，再由单片机加工处理，转换为七段显示码，经接口电路输出，驱动数码管显示其温度值。系统组成如图 9-2 所示。

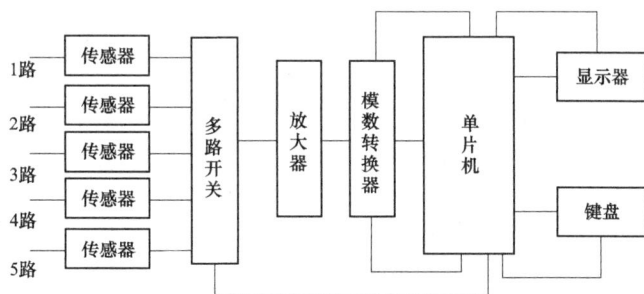

图 9-2　温度检测系统组成

9.2.2　硬件设计

温度量经传感器 AD590 将温度变成与电流成正比的电信号，该信号经传输线送至多路开关输入端。整个温度测量系统在 89C51 单片机的控制之下。单片机首先产生分时控制信号控制多路开关的开通，从 4 路中选择 1 路信号输入。被选择输入的信号经量程放大器变换为电压信号（100mV/℃）后送至 A/D 转换器。单片机启动 A/D 转换器工作，同时，查询 STS 端的状态，当转换结束时，STS 由高电平变为低电平。此时，单片机取走转换结果，经一系列数据处理后，暂存在某一存储区，等待送接口电路 8279 显示。在 8279 的输出端接有 4 位 LED 显示器，用于显示测得的温度值。8279 配有的键盘，控制路数和显示测量结果。当按下测量按键时，$\overline{\text{IRQ}}$ 端变成高电平，经反相器接至单片机的 $\overline{\text{INT}}$ 端用于产生中断，CPU 响应中断后，执行显示程序，显示测得的温度值。

温度检测系统原理电路如图 9-3 所示。

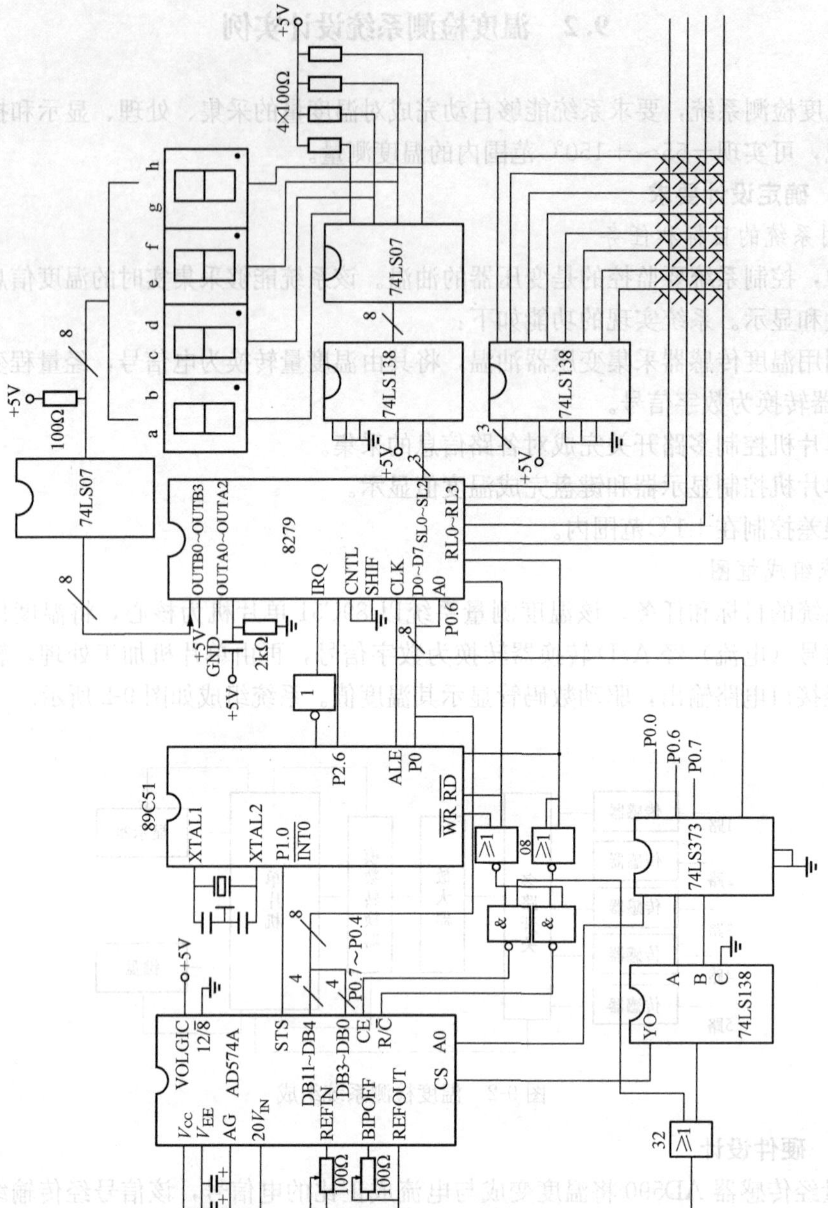

图 9-3 温度检测系统原理电路

本设计中，温度的采集选用集成感温元件 AD590，它是集成工艺制造的双端型温度传感器，是一种高阻抗温控恒流源，其最大特点是在−55～+150℃范围内，能按 1μA/K 的恒定比率输出一个与温度成正比的电流，因而，可有效地控制干扰。

这部分电路的设计，要考虑热力学温标（K）与摄氏温标（℃）的转换，并且要把电流信号转换为电压信号输出。具体实现方法：利用运算放大器 LM725，设计按比率 100mV/℃ 输出信号，电路如图 9-4 所示。

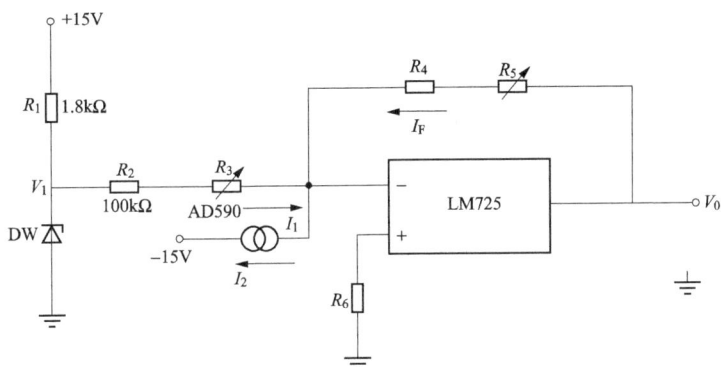

图 9-4　信号转换电路

根据运算放大器的工作原理有

$$V_0 = -R_F I_F = -R_F \left[\frac{V_1}{R_2 + R_3} - (273.2 + t) \right] \tag{9-1}$$

$$R_F = R_4 + R_5 \tag{9-2}$$

$$I_F = I_2 - I_1 \tag{9-3}$$

由式（9-1）～式（9-3）联立得

$$V_0 = -(R_4 + R_5) \left[\frac{V_1}{R_2 + R_3} - I_2 \right]$$

其中　　　　　　　　　　　$I_2 = 273.2 + t(\mu A/K)$

因为　　　　　　　　　　　$V_1 = 6.3V$

如果选 $R_2 = 20k\Omega$，则选择 $R_3 > 3k\Omega$ 的电位器。若 R_3 选 5kΩ 电位器，改变 R_3 使

$$\frac{V_1}{R_2 + R_3} = 273.2 \ \mu A$$

所以　　　　　　　　　　　$V_0 = R_F \cdot t \tag{9-4}$

由式（9-4）看出，输出电压与温度成正比，即将温度值转换成电信号。

9.2.3　软件设计

系统软件设计采用了结构化的程序设计技术，整个系统软件分为四个模块，第一主程序模块，其功能是完成定时器和 8279 的初始化。第二个是数据采集中断服务程序模块，定时时间为 20ms，即中断服务程序每 20ms 执行一次，功能是启动 A/D 转换。第三是数据处理子程序模块，其功能是将 A/D 转换后的数字量变换为与温度值对应的数码。第四是显示中断服务程序模块，功能是检测是否有命令键按下，以便将最新的数据显示在数码管上。软件构成如图 9-5 所示。

本例计中，温度的采集电源源是于（作 AD590），它是集成工艺制造的双端现温度值作
测器，是一种高精度恒流高精度。其是其数值 −55 − +150 ℃范围内，输接 1μA/K 的
电比率输出一个一温度度正比的电出电源。用面接 如有效电地接下端。

以输分电源的端使于 ......，采集取的采集端 取 0 ⋯ 3 为再输接 ⋯ 随，并且要把电流
信号转换为电压信号 ...... 大压的右侧度。等等高高低 ...... 信计比 100mV/℃
输出信号，电接测图图 9-7 所示。

图 9-5　软件模块示意

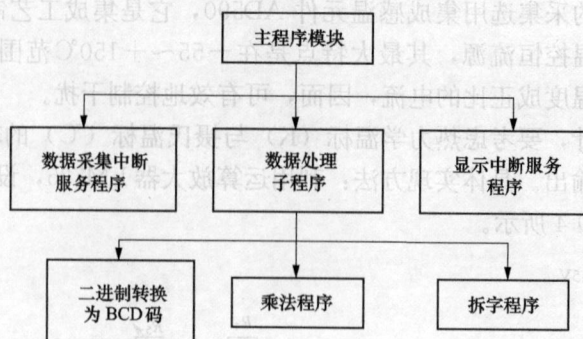

1. 主程序模块

主要完成系统的初始化工作，程序流程如图 9-6 所示。

图 9-6　主程序模块示意

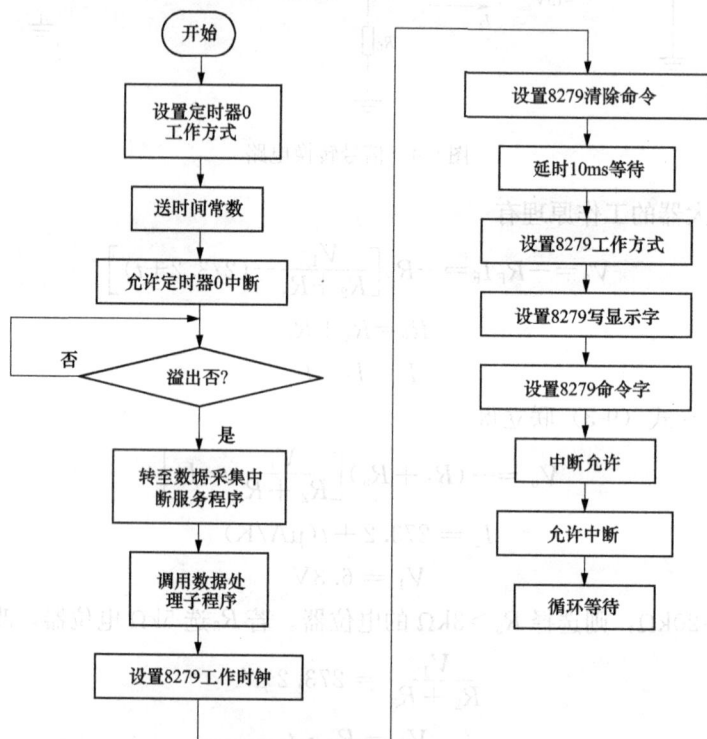

2. 数据采集程序模块

将模拟量转换为数字量，程序流程如图 9-7 所示。

3. 数据处理子程序模块

数据处理子程序由二进制转换为 BCD 码子程序、乘法子程序和拆字子程序组成。程序
框图略。

4. 显示中断服务程序模块

查表得到要显示数据的代码，由并行接口输出至 LED 数码管，程序流程如图 9-8 所示。

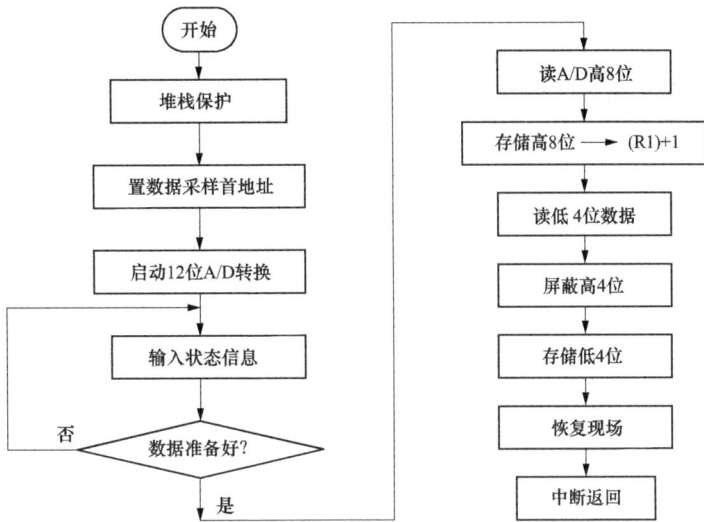

图 9-7　数据采集模块示意

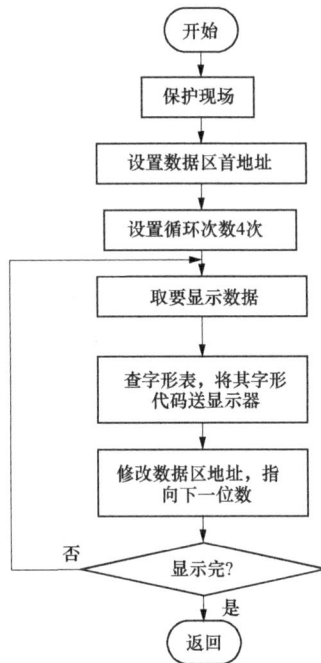

图 9-8　显示模块示意

9.2.4　系统调试

可分四步进行。第一步，温度传感器部分硬件调试无误；第二步，模数转换 A/D 部分软硬件调试，先调零点和满度值，然后输入−10～＋10V 范围电压值，检测转换结果；第三步，键盘和显示器部分的软硬件调试，可送一固定数据显示；第四步，系统联调。

附录 A　MCS-51 系列单片机指令表

序号	助记符指令	机器码字节	机器周期数	指令功能描述
		数据传送类指令		
1	MOV DPTR,#data16	90 data16	2	DPTR←data16
2	MOV A,Rn	E8~EF	1	A←(Rn)
3	MOV A,direct	E5 direct	1	A←(direct)
4	MOV A,@Ri	E6~E7H	1	A←((Ri))
5	MOV A,#data	74 data	1	A←data
6	MOV Rn,A	F8~FF	1	Rn←(A)
7	MOV Rn,direct	A8~AF direct	2	Rn←(direct)
8	MOV Rn,#data	78~7F data	1	Rn←data
9	MOV direct,A	F5 direct	1	direct←(A)
10	MOV direct,Rn	88~8F direct	2	direct←(Rn)
11	MOV direct1,direct2	85 direct2 direct1	2	direct1←(direct2)
12	MOV direct,@Ri	86~87 direct	2	direct←((Ri))
13	MOV direct,#data	75 direct data	2	A←data
14	MOV @Ri,A	F6~F7	1	(Ri)←(A)
15	MOV @Ri,direct	A6~A7 direct	2	(Ri)←(direct)
16	MOV @Ri,#data	76~77 data	1	(Ri)←data
17	MOVC A,@A+ DPTR	93	2	A←((A)+(DPTR))
18	MOVC A,@A+ PC	83	2	A←((A)+(PC))
19	MOVX A,@DPTR	E0	2	A←((DPTR))
20	MOVX A,@Ri	E2~E3	2	A←((Ri))
21	MOVX @DPTR,A	F0	2	(DPTR)←(A)
22	MOVX @Ri,A	F2~F3	2	(Ri)←(A)
23	PUSH direct	C0 direct	2	SP←(SP)+1,(SP)←(direct)
24	POP direct	D0 direct	2	direct←((SP)),SP←(SP)−1
25	XCH A,Rn	C8~CF	1	(A)↔(Rn)
26	XCH A,direct	C5 direct	1	(A)↔(direct)
27	XCH A,@Ri	C6~C7	1	(A)↔((Ri))
28	XCHD A,@Ri	D6~D7	1	$(A_{3\sim0})↔((Ri)_{3\sim0})$
29	SWAP A	C4	1	$(A_{7\sim4})↔(A_{3\sim0})$

续表

序号	助记符指令	机器码字节	机器周期数	指令功能描述
		算术运算类指令		
30	ADD A,Rn	28~2F	1	A←(A)+(Rn)
31	ADD A,direct	25 direct	1	A←(A)+(direct)
32	ADD A,@Ri	26~27 data	1	A←(A)+((Ri))
33	ADD A,#data	24	1	A←(A)+data
34	ADDC A,Rn	38~3F	1	A←(A)+(Rn)+(CY)
35	ADDC A,direct	35 direct	1	A←(A)+(direct)+(CY)
36	ADDC A,@Ri	36~37	1	A←(A)+((Ri))+(CY)
37	ADDC A,#data	34 data	1	A←(A)+data+(CY)
38	INC A	04	1	A←(A)+1
39	INC Rn	08~0F	1	Rn←(Rn)+1
40	INC direct	05 direct	1	direct←(direct)+1
41	INC @Ri	06~07	1	(Ri)←((Ri))+1
42	INC DPTR	A3	2	DPTR←(DPTR)+1
43	DA A	D4	1	BCD 码调整
44	SUBB A,Rn	98~9F	1	A←(A)−(Rn)−(CY)
45	SUBB A,direct	95 direct	1	A←(A)−(direct)−(CY)
46	SUBB A,@Ri	96~97	1	A←(A)−((Ri))−(CY)
47	SUBB A,#data	94 data	1	A←(A)−(data)−(CY)
48	DEC A	14	1	A←(A)−1
49	DEC Rn	18~1F	1	Rn←(Rn)−1
50	DEC direct	15 direct	1	direct←(direct)−1
51	DEC @Ri	16~17	1	(Ri)←((Ri))−1
52	MUL AB	A4	4	累加器 A 与 B 寄存器相乘
53	DIV AB	84	4	累加器 A 除以寄存器 B
		逻辑运算类指令		
54	ANL direct,A	52 direct	1	A←(direct)∧(A)
55	ANL direct,data	53 direct data	2	A←(direct)∧data
56	ANL A,Rn	58~5F	1	A←(A)∧(Rn)
57	ANL direct,A	55 direct	1	A←(A)∧(direct)
58	ANL A,@Ri	56~57	1	A←A∧((Ri))
59	ANL A,#data	54 data	1	A←(A)∧data
60	ORL direct,A	42 direct	1	direct←(direct)∨(A)
61	ORL direct,#data	43 direct data	2	direct←(direct)∨data
62	ORL A,Rn	48~4F	1	A←(A)∨(Rn)

序号	助记符指令	机器码字节	机器周期数	指令功能描述
				逻辑运算类指令
63	ORL　A, direct	45 direct	1	A←(A)∨(direct)
64	ORL　A, @Ri	46~47	1	A←(A)∨((Ri))
65	ORL　A, #data	44 data	1	A←(A)∨data
66	XRL　direct, A	62 direct	1	direct←(direct)⊕(A)
67	XRL　direct, #data	63 direct data	2	direct←(direct)⊕data
68	XRL　A, Rn	68~6F	1	A←(A)⊕(Rn)
69	XRL　A, direct	65 direct	1	A←(A)⊕(direct)
70	XRL　A, @Ri	66~67	1	A←A⊕((Ri))
71	XRL　A, #data	64 data	1	A←(A)⊕data
72	CLR　A	E4	1	A←0
73	CPL　A	F4	1	A←$\overline{(A)}$
74	RR　A	03	1	A中内容循环右移
75	RRC　A	13	1	A中内容带CY循环右移
76	RL　A	23	1	A中内容循环左移
77	RLC　A	33	1	A中内容带CY循环左移
				控制转移类指令
78	AJMP　addr11	a10a9a800001 addr7~addr0	2	PC←(PC)+2, $PC_{10\sim0}$←addr11, $PC_{15\sim11}$不变
79	LJMP　addr16	02 addr15~addr0	2	PC←addr16
80	SJMP　rel	80 rel	2	PC←(PC)+2, PC←(PC)+rel
81	JMP　@A+ DPTR	73	2	PC←(PC)+1, PC←(A)+(DPTR)
82	JZ　rel	60rel	2	若(A)=0, 则 PC←PC+2+rel 转移 若(A)≠0, 按顺序执行
83	JNZ　rel	70 rel	2	若(A)≠0, 则 PC←PC+2+rel 转移 若(A)=0, 按顺序执行
84	CJNE　A, direct, rel	B5 direct rel	2	PC←(PC)+3 若(A)=(direct), 按顺序执行, 且(CY)=0 若(A)<(direct), 且(CY)=1, 且 PC←(PC)+rel, 转移 若(A)>(direct), 则(CY)=0, 且 PC←(PC)+rel, 转移
85	CJNE　A, #data, rel	B4 data rel	2	PC←PC+3, 若(A)=data, 按顺序执行, 且(CY)=0 若(A)<data, 则(CY)=1, 且 PC←(PC)+rel, 转移 若(A)>data, 则(CY)=0, 且 PC←(PC)+rel, 转移

序号	助记符指令	机器码字节	机器周期数	指令功能描述
				控制转移类指令
86	CJNE　Rn,#data,rel	B8~BF data rel	2	$PC \leftarrow (PC)+3$ 若$(Rn)=data$,按顺序执行,且$(CY)=0$ 若$(Rn)<data$,则$(CY)=1$,且$PC \leftarrow (PC)$ $+rel$,转移 若$(Rn)>data$,则$(CY)=0$,且$PC \leftarrow (PC)$ $+rel$,转移
87	CJNE　@Ri,#data,rel	B6~B7 data rel	2	$PC \leftarrow (PC)+3$ 若$((Ri))=data$,按顺序执行,且$(CY)=0$ 若$((Ri))<data$,则$(CY)=1$且$PC \leftarrow (PC)$ $+rel$,转移 若$((Ri))>data$,则$(CY)=0$且$PC \leftarrow (PC)$ $+rel$,转移
88	DJNZ　Rn,rel	D8~DF rel	2	$PC \leftarrow (PC)+2, Rn \leftarrow (Rn)-1$ 若$(Rn)=0$,按顺序执行 若$(Rn) \neq 0$,则$PC \leftarrow (PC)+rel$,转移
89	DJNZ　direct,rel	D5 direct rel	2	$PC \leftarrow (PC)+3, direct \leftarrow (direct)-1$ 若$(direct)=0$,按顺序执行 若$(direct) \neq 0$,则$PC \leftarrow (PC)+rel$,转移
90	ACALL　addr11	a10a9a810001 addr7~addr0	2	$(PC)+2 \rightarrow PC, (SP)+1 \rightarrow SP, (PC)_{0\sim7} \rightarrow (SP)$; $(SP)+1 \rightarrow SP, (PC)_{8\sim15} \rightarrow (SP), addr_{0\sim11} \rightarrow PC_{0\sim11}$
91	LCALL　addr16	12 addr15~addr0	2	$(PC)+3 \rightarrow PC, (SP)+1 \rightarrow SP, (PC)_{0\sim7} \rightarrow (SP)$; $(SP)+1 \rightarrow SP, (PC)_{8\sim15} \rightarrow (SP), addr_{16} \rightarrow PC$
92	RET	22	2	$PC_{15\sim8} \leftarrow ((SP)), SP \leftarrow (SP)-1$ $PC_{7\sim0} \leftarrow ((SP)), SP \leftarrow (SP)-1$
93	RET1	32	2	$PC_{15\sim8} \leftarrow ((SP)), SP \leftarrow (SP)-1$ $PC_{7\sim0} \leftarrow ((SP)), SP \leftarrow (SP)-1$
94	NOP	00	1	$PC \leftarrow (PC)+1$
				位操作指令
95	MOV　bit,C	92 bit	2	$bit \leftarrow (C)$
96	MOV　C,bit	A2 bit	1	$C \leftarrow (bit)$
97	CLR　C	C3	1	$C \leftarrow 0$
98	CLR　bit	C2	1	$bit \leftarrow 0$
99	SETB　C	D3	1	$CY \leftarrow 1$
100	SETB　bit	C2 bit	1	$bit \leftarrow 1$
101	ANL　C,bit	82 bit	2	$C \leftarrow (C) \wedge (bit)$

序号	助记符指令	机器码字节	机器周期数	指令功能描述
		位操作指令		
102	ANL C, /bit	B0 bit	2	$C \leftarrow (C) \wedge \overline{(bit)}$
103	ORL C, bit	72 bit	2	$C \leftarrow (C) \vee (bit)$
104	ORL C, /bit	A0 bit	2	$C \leftarrow (C) \vee \overline{(bit)}$
105	CPL C	B3	1	$C \leftarrow (\overline{C})$
106	CPL bit	B2 bit	1	$bit \leftarrow \overline{(bit)}$
107	JC rel	40 rel	2	若(CY) = 1,则转移,(PC)←(PC)+2+ rel; 否则顺序执行
108	JNC rel	50 rel	2	若(CY) = 0,则转移,(PC)←(PC)+2+ rel; 否则顺序执行
109	JB bit, rel	20 bit rel	2	若(bit) = 1,则转移,(PC)←(PC)+3+ rel; 否则顺序执行
110	JBC bit, rel	10 bit rel	2	若(bit) = 1,则转移,(PC)←(PC)+3+ rel;否则顺序执行,且无论(bit)是否等于1,均使该位清零
111	JNB bit, rel	30 bit rel	2	若(bit) = 0,则转移,(PC)←(PC)+3+ rel;否则顺序执行,不影响标志

附录 B ASCII 码表

高 3 位 低 4 位	000（0H）	001（1H）	010（2H）	011（3H）	100（4H）	101（5H）	110（6H）	111（7H）
0000（0H）	MUL	DLE	SP	0	@	P	`	p
0001（1H）	SOH	DC1	!	1	A	Q	a	q
0010（2H）	STX	DC2	"	2	B	R	b	r
0011（3H）	ETX	DC3	#	3	C	S	c	s
0100（4H）	EOT	DC4	$	4	D	T	d	t
0101（5H）	ENQ	NAK	%	5	E	U	e	u
0110（6H）	ACK	SYN	&	6	F	V	f	v
0111（7H）	BEL	ETB	'	7	G	W	g	w
1000（8H）	BS	CAN	(	8	H	X	h	x
1001（9H）	HT	EM	)	9	I	Y	i	y
1010（AH）	LF	SUB	*	:	J	Z	j	z
1011（BH）	VT	ESC	+	;	K	[	k	{
1100（CH）	FF	FS	,	<	L	\	l	|
1101（DH）	CR	GS	-	=	M	]	m	}
1110（EH）	SO	RS	.	>	N	^	n	~
1111（FH）	SI	US	/	?	O	_	o	DEL

说明：

MUL：空	DLE：数据链换码
SOH：标题开始	DC1：设备控制 1
STX：正文结束	DC2：设备控制 2
ETX：本文结束	DC3：设备控制 3
EOT：传输结果	DC4：设备控制 4
ENQ：询问	NAK：否定
ACK：承认	SYN：空转同步
BEL：报警	ETB：信息组传输结束
BS：退格	CAN（DEL）：作废
HT：横向列表	EM：纸尽
LF：换行	SUB：减
VT：垂直列表	ESC：换码
FF：走纸控制	FS：文字分隔符
CR：按 Enter 键	GS：组分隔符
SO：移位输出	RS：记录分隔符
SI：移位输入	US：单元分隔符

参 考 文 献

[1] 李权利. 单片机原理及应用技术. 北京：高等教育出版社，2004.
[2] 曹天汉. 单片机原理与接口技术. 北京：电子工业出版社，2006.
[3] 宁凡.51 单片机基础教程. 北京：北京航空航天大学出版社，2008.
[4] 付晓光. 单片机原理与实用技术. 北京：清华大学出版社，2004.
[5] 高卫东，辛友顺，韩彦征.51 单片机原理与实践. 北京：北京航空航天大学出版社，2008.
[6] 耿长青. 单片机应用技术. 北京：化学工业出版社，2006.
[7] 周坚. 单片机项目教程. 北京：北京航空航天大学出版社，2008.
[8] 张俊谟，张迎新. 单片机教程习题与解答. 北京：北京航空航天大学出版社，2008.